WAC BUNKO

人を傷つける話し方、人に喜ばれる話し方

渋谷昌三

WAC

まえがき

だれだって、「自分の顔」は知っています。

鏡は毎日のように見るでしょうし、アルバムには写真もありますから、自分の顔が世間基準でどの程度のものかという認識もできます。ハンサム（美人）なのか、まあまあなのか、まあまあにもほど遠いのか……と、客観的な判断ができます。とはいっても、「自分の顔」ともなれば、そこには主観的な希望も反映されますから、だいぶズレが生じ、勘違いをしている人も多いようですが。

「自分の体」についても同じです。背が高い、低い、太っている、痩せている……など、かなり客観的な判断ができます。学生だったら、学校の成績はテストで判断できます。健康についても、病院で検査をすればわかります。自分の裕福度についても、「まあ、世間並みかなあ」などと、それなりの判断をしています。

どれもこれも、「気になること」ですから、世間の基準に自分を照らし合わせて、「自分の本当の姿」を見ようとしているのでしょう。

けれども、「自分の話し方」については、ほとんどの人は「気にしたこともなく」、また、世間の基準と比べてみようとは思ってもいないでしょう。

実際の話、アナウンサーなどの仕事をする人以外は、「話し方の技術」というものをきちんと学んだという人は、ほとんどいないと思います。これまで人と話をして、それが「通じてきた（つもり）」ですから、これでいいと思っているのでしょう。

ところが、そうではないのです。仕事場ではよく見かけるのですが、何かのトラブルが起きたとき、その責任の所在について、例えば、上司と部下とが、

「△△しておいてくれ、っていっただろ！」

「いえ、××しろといわれただけで、△△については聞いていません」

「いや、確かに△△しろといったはずだ」

「いえ、いってません」

と、「いった」「いわない」の論争になるときがあります。

こんなとき、仮に、上司の言い分が正しかったとしても、それが部下にうまく伝わっ

ていないのであれば、それは、上司の「言い方の技術」が足りなかったということにもなります。けれども上司は、「自分の話し方」がヘタだった……と思うことはなく、「部下の聞き方」がヘタだったと信じています。

この上司に限りませんが、「自分の話し方」に問題があると思っている人は、ほとんどいないものです。けれども、客観的に見ると、ほとんどの人は、「話し方」に問題を抱えている、ただ、それに気づいていないだけなのです。

「なかなか人に好かれない人」「仕事が思うようにいかない人」「チャンスが回ってこない人」「恋愛が長続きしない人」……など、その原因は、性格によるところも大きいでしょうが、「話し方」も大いに関与していることは間違いありません。

テープレコーダーで自分の声を聞いたときの驚き、あなたは覚えていますか。それまでのイメージとの、あまりの落差に愕然としたのではありませんか。

「自分の話し方」と「相手への伝わり方」とは、それほどの落差がある……そう考えながら、自分の話し方を客観的にとらえてほしいものです。自分の気持ちが、誤解されて相手に伝わることだけは避けたいものです。

著者

人を傷つける話し方、人に喜ばれる話し方◉目次

第2章　職場で「得する人」「損する人」の話し方……51

装幀／神長文夫

第1章

余計なひとこと、大事なひとこと

「うっかり言葉」で、人に怨まれる

「感じのいい女性だなあ」と思っていたのに、何かの拍子に、その女性がぷかぷかとタバコを吸いながら、男性をこき下ろしていたり、聞くに堪えない会話で盛り上がっていたりする姿を見かけると、抱いていたイメージがガラガラと崩れてしまいます。

このような異性への幻滅は、男女ともお互い様のことなのでしょう。やはり世の中には知らないほうがいいというものがあるということでしょうか。

本音や本性を知らないほうがいいというのは、上司と部下の関係でもいえることです。

部下が何かのヘマをしたときに、

「なんてことしてくれたんだ。お前のせいでオレの立場まで危ないじゃないか！」

などと、顔を真っ赤にして怒る上司というのは、やはりイヤなものです。

こういう自分の保身が最優先という心理はわからなくもありませんが、その本音がもろに出てしまっては、部下の心が離れてゆくのも当然です。

なかなか業績を上げない部下に、

「まあ、キミに期待しても無理だと思うけどな」

というのも、いわれた人はつらいでしょう。「期待されていない自分」を指摘されたときの落胆は、その人にしかわからないものです。

何気なくいった本音、悪気のない戯れ言、冗談のつもりでも「半分本気」に聞こえるような言葉……いった人には罪悪感がなく、いわれた人だけが深く傷ついていきます。あとになって、「いや、あれは部下を発奮させるために」といいわけしても、部下は聞く耳を持たないといった心理状態になり、怨みの感情が少なからず芽生えているでしょう。

上に立つ人ほど「うっかり言葉」の影響力が大きいことを自覚し、いってはいけないひとことが口から出ないように気をつけたいものです。

残念なことに、相手が喜ぶ本音というのは、なかなかうっかりとは出ないものです。

妻に「いつもありがとう」というときは、思わず口から出た言葉ではなく、それなりの理由や覚悟があるように思います。「いつもありがとう」が、ふいに出た本音だったとしたら、どの家庭も円満だろうと思うのですが。

日本人は本音で奥さんや旦那さんに感謝していても、なかなかその言葉がいえないようです。そんなことは以心伝心という共通認識があるのか、口に出すと、「安っぽくなる」「何かの裏がある」「計算高く思われる」「ウソくさいと思われる」と思っているのかもしれません。けれども、よくない本音は口に出さず、愛情や感謝などのよい本音は口に出すことを心がけたいものです。

昔の失敗を蒸し返す、その無神経さが人を傷つける

楽しかった想い出は、色あせることがありません。ある程度の年齢になると、級友や同僚とともに過ごした日々を振り返るのも、楽しみのひとつとなります。

しかし、それも相手によりけり、「人を傷つけない人」であってほしいものです。人は楽しかったことも覚えていますが、失敗や屈辱的なことも忘れないものです。

「小学校一年生のとき、教室でお漏らしした」というような、大人になってしまえば笑って終わる話ならいいのですが、十年前に起こした自動車事故をいつも蒸し返されたのではたまりませんね。また、仕事で失敗をして、

「キミは、三年前にも△△でミスをしたじゃないか！」

といわれるのも、つらいものです。いまのことで叱られるなら納得もできますが、昔の失敗まで蒸し返されるのでは、たまりません。

昔の失敗を踏み台にして、新しい自分を作っていこうとしている人にとっては、気持ちを踏みつけられたようなもので、深く傷ついてしまいます。

そして、この「傷つきたくない」という心理が、「うるさい！」と怒鳴るなどの逆ギレ状態を生み、よくない人間関係になってしまうこともあります。心の中にはおそらく、「昔のことを蒸し返すなんて、無神経なやつだ」という腹立たしさが残ります。

人を叱るとき、改善を求めるときは、その事柄だけを口にすればいいのです。昔のことは持ち出さない、これが相手を傷つけずに、自分の要求をわかってもらうことにつながります。「何度いえばわかるんだ！」という怒りほど、相手を傷つけているのです。

うまい人を「ほめる」と、相手は腹を立てる

「本当に、歌が上手なんですね」……ある声楽家は、クラシックコンサートが終わったあと、知り合ったばかりの知人にこういわれ、がっかりしたそうです。

その理由は、「歌が上手」といわれたことでした。普通の人は「上手」といえば、ほめ言葉だと思っていますが、そうではない場合もあります。

プロの声楽家たちの多くは、「歌がうまいのは、プロなんだから当たり前」と思っています。若い頃から大学や大学院まで通い、専門的な技術も会得しているのですから、もっともな話です。ところが、ほめる人は、テレビで活躍中の「発声の基礎はなってない」「音程も安定しない」「なんと歌っているのかがわからない」というようなアイドル歌手と比べて「ほめている」ことが多く、それだけでもプライドが傷ついているのです。

そういう認識もなく、「歌が上手ね」という人は、ほめているつもりで、とても失礼

な言動をしているのです。

一方、コンサートが終わったあと、うれしいほめ言葉をいう人もいるそうです。例えば、「心に歌声が響いて、感動しました」と。微妙な音程を聞き分ける耳を持っているわけではなく、恐ろしく劣った認識しか持ちえない人が、うまいだヘタだのいうのは、おこがましいものです。でも、「自分がどう感じたか」は誰だって語れます。

「心に響いた」といわれたら、これ以上のほめ言葉はないでしょう。評論家ぶったほめ方をするのではなく、ひとりの人間として、心でほめることが相手に伝わるのです。

私たちは、「とりあえず、ほめておかなきゃ」という場面によく出合います。知人が、何かの発表会をするときには、ほめることを第一義に感じます。

でも、よく知りもしないことでほめるときは十分に注意してください。相手を評価するのではなく、わからないことはわからないと白状しながら、自分が感じた部分、自分が思った素敵なことだけを口にすることです。知識や理屈でほめるのは、墓穴を掘るばかりか、相手をもイヤな気分にしているのです。

会社でも同じことがいえます。よく耳にするのは、若い社員が先輩に面と向かって、

「あの交渉、うまくいったんですか。さすがですね、先輩って仕事ができるんですね」

という、ほめ言葉です。おそらく先輩は、口に出してはいわないにしても、「おまえ、ナニサマのつもりだ」と腹の中では思っています。

力のない者が力のある者を「ほめる」、これはとても失礼なことなのです。

便利な言葉「がんばれ！」が、人を苦しめる

「がんばる」という言葉は、教育現場やメディアで多用されるからでしょうか、世の中全般においても使用頻度は高いようです。それだけ「便利な言葉」ともいえます。

知人が何かをするときに「じゃ、がんばって」といえば、私はあなたに気をつかっていますというメッセージにもなります。残業する同僚に「がんばって」、スポーツ選手に「がんばって」、テスト前の子どもに「がんばって」、と。

けれども人は、いつもがんばり続けていたのでは疲れてしまいます。子どもの頃から猛勉強してきた人は、社会人になる前に疲れ切ってしまうこともあります。

リトルリーグからがんばりすぎたピッチャーは、高校野球でピークを迎え、プロに入ったらすぐに故障してしまう例もたくさんあります。猛烈に働くサラリーマンも、がんばりすぎて心身ともに疲れ、体調を壊し、ひどいときには自殺に追い込まれることもあ

ります。

がんばることは大切ですが、人は、抜くときは抜かないと心も体も保たないようにできているのです。うつになる人が増えていますが、彼らにいってはいけない言葉の代表が「がんばって！」だといわれています。うつになるような人は、自分なりにがんばっているわけです。だからうつになったという側面もあるのですが、その人にがんばれというのは、「もっと、うつになれ！」といっているようなものです。

「がんばれ！」というのは、精神論です。「精力的にやれ」という意味でしょうが、それは同時に相手にプレッシャーを与えているだけで、具体的な方策を提示しているのではありませんから、相手を向上させるための助言にはなっていないのです。

部下や同僚、家族や友人に対して、応援するのであれば、「この部分に気をつけたらいいんじゃない？　そうしたら、きっとうまくいくよ」と、ある程度、的を絞ったアドバイスをしながら、明るい未来が開けているような言葉を投げかけるといいでしょう。

自分から「がんばろう」とする人には、「きっとうまくいくよ！」「期待して待ってるよ」というようなメッセージを送るのがいいでしょう。

「あれ？ いつからいたの？」が、相手を落ち込ませる

最近のお笑いブームの中で活躍中の、元ホストのヒロシさんは、自分のグチを集め、独特のスタイルで語る自虐ネタが得意です。

ネタのひとつに、正確ではないかもしれませんが、こんな感じのものがあります。

「いつからいたの？ っていわれましたが、最初からいたとです」

笑いを説明するのはナンセンスですが解説しますと、状況はおそらく若い男女が集まってお酒を飲んだりしながら楽しんでいるとき、ふと女性に「あれ、いつ来たの？」といわれ、自分の存在感のなさに落胆したということです。

ヒロシさんはネタにしていますが、こういう発言は実際にもよくあると思います。

「あんた、いたんだ？」「あの人、来てたっけ？」と、人の自尊心を平気で傷つけるものの言い方をする人をよく見かけます。

人は自分の存在を認めてほしいものです。おとなしくて、隅に引っ込んでいるような人でも、「私はここにいます！」と心の中で叫んでいます。出しゃばる気はないけれど、存在は認めてほしい、そう考えている人が大半ではないでしょうか。

組織の中心にいる人、上に立つ人、目立っている人は、そういう人にこそ、「あなたにはいつも助けてもらっています」

「なんだか私ばっかり、おいしいところを持っていってすみませんね」

といった心づかいの言葉を投げかけてほしいものです。「地味な存在の私を見てくれている人がいる」と、思ってもらうことは、誰にとっても不利益にはなりません。

これに通ずる話としては、いつも残業で遅いご主人が早く帰ってきたとき、「もう帰ってきたの？　外で食べてくるかと思ったから、ご飯ないわよ」というやりとりも、ご主人の存在を無視しているように受け取られます。

ふだんから自分には存在感がないと思っている人ほど、はっきりと指摘されたときには、とても傷つくのです。おそらく、「私だって、本当はいつだって早く帰りたかとです」と、自虐ネタをつぶやいているように思うのですが。

「～すべき」と押さえつけるより、「～しましょう」と誘う

子どもに何をさせるにしても、とくに母親には「～しなきゃダメでしょ！」と、それが義務であるかのような言い方をする場合があります。これは、わが子に、日々、強迫観念を植えつけているようなものかもしれません。

その結果、勉強も嫌い、スポーツも嫌い、人と会うのも嫌いといった、元気のない子どもになってしまうケースもあるかと思います。いちいち「～しなきゃダメ」といわれた子どもはすっかり萎縮して、何に対しても興味を持てなくなることもあるということです。

実際の話、大人だって「～しなきゃいけません」といわれるのは愉快ではありませんし、「～すべきじゃないんですか」といわれるのも自分が非難されているように聞こえて、イライラさせられますし、そのうちに元気もなくなり、ストレスがたまるばかりで

す。

やらなくてはいけないことなのにグズグズしている人を見ていると、「早くやんなきゃダメだよ」「さっさとやりなさい」といいたくもなりますが、こんなときはちょっと言葉を換えて、「早くやったほうが楽だよ」「早くやろうよ！」と、楽しいことに誘うようなトーンでいうのがいいかと思います。

上からの命令ではなく、同じ目線での言葉と感じさせるほうが気持ちよく受け取れますし、やる気にもなります。

簡単な仕事ができずに、のんびりやっている若い社員を見て、「そんな仕事、早く片づけないとダメじゃないか！」と、叱りつけるのではなく、たまには、「仕事終わったら、飲みに行くぞ！　仕事なんかさっさと終わらせよう」と、仕事を早くやることが憂うつにならないように考えてやるといいでしょう。

「可能性がないわけじゃない」、どっち着かずの言い方はダメ

相手を傷つけたくないと思うばかりに、はっきりと「ノー」といえない人がいます。

「うーん、第一印象はいいのですが、もう少し考えてみます」

「可能性がないわけじゃないけれど、いまはなんともいえないですね」

などです。しかし、その気づかいが人を傷つけたり、困惑させたりすることになります。


男性が女性を食事に誘ったときの会話です。

「お腹すいたんじゃない?」

「ええ、まあ」

「じゃあ、食事にしようよ。何が食べたい?」

「これといって……。あなたの好きなものでいいです」

これでは男性も困ってしまいますね。

本当はお腹がすいていないのかな、和食が食べたいけど、女の子だからフレンチとかイタリアンが食べたいんだろうなあ……などと、気をつかうことになるからです。

まだお腹がすいていないのなら、はっきりと「まだ、お腹すいてないので、もう少しあとで食事でもいいですか？」といえばいいですし、イタリアンが食べたいなら、それもストレートに口にすればいいのです。

お互いに主張はして、譲り合うのがいいのです。なぜいいのかといえば、そういう「やりとり」を繰り返すことによって、いい関係を作っていくこともできるからです。あいまいな答えのままでは、いつまでもわかり合えない関係で終わってしまいます。

同性の友人との関係においても、「今度の金曜、みんなでカラオケに行こうね！」と同僚にいわれ、本当は行きたくないのに、なんとなく「うん、行けたら行くね」などと希望を持たせてしまうのは、よくありません。

その友人は、「ＯＫサイン」と思い、さらに男性の同僚を誘い、着々と金曜日の夜を計画してしまうかもしれません。当日になって「やっぱり、私行けない」といい出したら、「何よ、せっかく手配したのに」と思うでしょうし、自分ひとりだけが男性陣に囲まれるという居心地の悪さをがまんすることにもなります。

始めから行く気がないなら、あいまいな返事をするのではなく、「ごめん、金曜日は早く帰りたいんだ。土曜日、朝から出かけるから行けないと思う」と、適当なウソをついてでも、はっきり断るのがいいのです。そのときは「つき合い悪いなあ」といわれるかもしれませんが、そのほうがお互いが傷つかないですむと思うのです。

「B型だからやっぱりね」、決めつけに相手はカチンとくる

人の性格はそうそう変わるものではありません。でも、能力やスキルなどは、刻々と変化していきますし、意欲や向上心といった精神的な面も変わっていくものです。

親がいい大人になったわが子をいつまでも子ども扱いするのは、この変化を理解していないからです。田舎の母親が東京に住む息子に「ウチの子は甘いモノが好きだから」と、チョコレートやキャンディを米と一緒に送ることがあります。ところが息子のほうは、すっかり酒飲みになっていて、チョコレートの処分に困る……そんな行き違いが生まれます。

新入社員の頃に世話になった上司の下に、十年ぶりに配属されたとします。上司は、新入社員としての印象が強く、すでに三十歳を過ぎた社員に対し、うっかり「お前に、この仕事任せてだいじょうぶかな」などと、いってしまうことがあります。後輩の面倒

を見たり、いまでは一人前以上の仕事をしているビジネスマンに、つい失礼なことをいってしまうのです。親も上司も、自分の物差しで、成長著しい若者をはかろうとしては、いけないのです。自分の知っている若者は、いまでは「自分の知らない能力を身につけ、知らない経験をして、別人になっている」というくらいに考えておくのが無難です。

親ならば、「大人になっても、まだ甘いモノは好きかい?」と子どもに聞いてみましょう。

上司なら、「新入社員のとき以来だから、十年ぶりか。どれだけ成長したか、この仕事で見せてくれよ。期待してるぞ」というくらいのことは、いってみましょう。

また、「土佐の女なんだから、酒が好きなんだろう?」「会津人は頑固だからなあ。あんたも融通が利かないんだろ?」なども、相手を傷つけます。出身地による傾向はあるでしょうが、それはあくまでも傾向です。

「あなたはB型だから、マイペースなのよね。協調性なくて困るのよねえ、B型って」などというのも傷つけています。

血液型も、性格に影響しているらしいという説も聞きますが、まだ決めつけるほどの研究のレベルではないでしょう。

「次男だから、自由奔放でいいよなあ」というのも、人を傷つけかねません。よく知らない人には、いうべきではないでしょう。

どうせなら、ほめ言葉で使ってください。「さすが会津人、根性ありますね」「いいですねえ、明るくて前向きで。B型の人って、私、好きです」というように。

決めつけはよくないけれど、相手をほめるひとつの手段としては、相手が持っている既成概念や偏見を利用するのも、大人の話術です。

「じゃ、いいです」のひとことで、心の壁ができる

何か頼まれごとをしたときなどに多いのですが、まったく経験したことのない話をされても、すぐに理解できないことはありませんか？

パートで十数年ぶりに働くことになった主婦の話です。コンピュータで文書を入力し、プリントアウトして、先方に渡してほしいと指示されたそうです。

「このＷｏｒｄのファイルに、この書類の数字を打ち込んで、○○商事の××さんに添付で送ってくれる？　先方はＭａｃだから、文字化けしてたら、読めないかもしれないんで、テキストファイルも一応、つけてくれないかな。あ、メールに貼りつけてもいいや」

ふだんからコンピュータを使いこなしている人なら、どうということもない話ですが、ちょっとインターネットを使った程度の人の中には、「なんのことだか……」という人

もいるでしょう。パートの主婦も、まさにそんなひとりで、「あのう、Ｗｏｒｄってワープロソフトのことですよね？　メールに貼りつけてって、どういう……」と、質問しました。すると、意外なほどあっさりと、こんな答えが返ってきたのです。

「ああ、わからないんですね。じゃあ、いいです。自分でやりますから」

長いブランクを埋めるために、少しでも早く仕事を覚えようと思っていた矢先に、これです。そのパートの主婦は、とてもショックを受けたそうです。

確かに簡単なパソコンの操作ができない人に仕事を任せると、仕事が増えるということがあります。それなら自分でやったほうが早いけれども、即座に「じゃあ、いいです」では、相手を傷つけてしまいます。

「なんだ、こんなこともわからないんだ。もっと勉強してもらわなきゃ」と本音をいってもいいですから、続けて、「じゃあ、数字を入れ終わったら教えてください。そのあとは私がやりますから横で見てて覚えてくださいよ。次からは自分でできるように」というのが、実践的です。相手を見捨てた言い方ではなく、努力を促す言い方をしてください。人を傷つけ、自分が恨まれるような話し方は最悪です。

できることなら、心を広く持って「あまり、パソコンは得意じゃないのかな？　じゃ、

いい機会ですから、手順をお教えしましょう。一回で覚えてくださいよ。期待してます
からね」と、相手が気持ちよく学べるような言い方をしたいですね。
「親切に教えてくれるんだから、ちゃんと覚えなきゃ」と、感じてくれたら、仕事の面
でも人間関係の面でも、うまくいきます。

「あなたはこれね」と、人の役割を勝手に決めるな

心理学者のゴードン・オルポートは、「人はみな自分を高く評価し、自分を大切に思う気持ちを持っている」といっています。

自分に自信がなさそうに見える人でも、控えめでおどおどしているように見える人でも、本当はそうしたいわけではなく、自分を少しでも輝かせたいと思っているのです。

「恥ずかしがり屋だけど、目立ちたがり屋」という人もいます。確か、脚本家の三谷幸喜さんも、以前テレビで自分自身をそう表現していました。

人前に出ると赤面したり声がうわずったりして、恥ずかしい。でも、本当はスポットライトを浴びたい。こういうジレンマを持っている人は意外に多いようです。

こういう人の気持ちをまるで理解できない、いや考えもしない人がいます。どういう人かといえば、「仕事の段取り」で評価されている人で、彼らの発する言葉は、恥ずか

しがり屋を大いに傷つけているのですが、まったく自覚がありません。

例えば、社員旅行の宴会で全員が何か出し物をやるとき、「△△さん、ひとりじゃ恥ずかしいだろうから、オレたちと一緒に、課長のバックコーラスでいいよね。じゃあ、決まり！」と、勝手に決めてしまう人です。

目立たない自分が一発逆転するためのせっかくのチャンスですから、女子社員にウケそうなモノマネを練習しているかもしれないのに、です。無口で恥ずかしがり屋なのを自覚し、黙って演じられるマジックを日夜練習しているという人も、実際にいます。

そういう「段取りマン」に限って、恥ずかしがり屋の人に気づかって、親切心で「過不足のないように仕切ってやった」という気持ちが強いものです。けれども、「恥ずかしがり屋の目立ちたがり屋」という人も多いことはすでに述べた通りですが、そういう人のプライドを傷つけ、ありがた迷惑になっているのです。

これを避けるためには、相手が自分の希望を口に出しやすいように、やさしい言葉の疑問形で話しかけるのがいいのです。

「ひとりで出し物をやりますか？　誰かと組みますか？　もし決まらないようなら、いってくださいね。一緒にバックコーラスをやりましょう」

と。気が小さい人ほど、傷つきやすいものです。どうせ気づかいするなら、余計なお節介ではなく、プライドを持たせようとする心配りが大切なように思うのです。

「忙しくて遊ぶ暇もない」、余計なひとことが人を悲しませる

「なんだか、たいへんそうだね。ちょっと息抜きに、一杯やらないか？」

仕事で壁にぶちあたってどうにもならないとき、同僚がHさんに、こう声をかけてきました。Hさんは、つい腹立ち紛れにこんな返事をしてしまいます。

「いいよなあ、仕事のできるやつは。オレには飲む暇もないんでね。悪いけど」

……イライラしていたとはいえ、せっかくリラックスさせてやろうと気づかってくれた同僚に対し、こういう反応はうまくありません。

とはいえ、誰でも仕事に行き詰まっているときや、家庭がうまくいっていないときにはイライラして、つい、つっけんどんな言い方になることもあります。

そんなときほど、周りの人がとても恵まれているように見えたり、大切なことや考えるべきことを考えることもなくノホホンとしているように見えたり、自分の過去や環境

を呪いたくなったりしているものです。

けれども、相手の好意を無にしたり、傷つけたりするのがよくないことは、冷静になればわかることです。もしパニックに近い状況になっても、その心を忘れないことです。

どんな状況であっても、決して使ってはならない言葉は次の通りです。

「いつも能天気でいられていいなあ。悩みなんてないでしょう？」

「エリートはいいよなあ。こんな仕事簡単すぎるでしょ？」

「好きなことが仕事でいいな。うらやましいよ」

「遊びが仕事でいいよねえ。会社で遊んでるみたいなもんだから」

「何も考えない仕事って、楽よね。体使えばいいんだから」

……相手の状況や悩み、苦労も知らずに、自分の価値観で思いついたことを安易にいうのは、社会人として失格です。

仕事場ではとても能天気に見える人でも、家に帰れば、家庭内暴力に苦しんでいるかもしれませんし、親の介護でたいへんな苦労をしているかもしれません。

いつも笑顔で明るく振る舞うのは、弱い自分をひた隠しにしているからかもしれませんし、エリートにはエリートにしかわからない圧迫感を抱えているものです。

「呑気と見える人々も、心の底を叩いて見ると、どこか悲しい音がする」……夏目漱石の『吾が輩は猫である』にはこんな一節があります。人は見かけによらぬもの、です。表面だけを見て、「お気楽ね」などという、そのひとことが、人を大きく傷つけていることは多いと思います。

相手の目を見て話すか、見ないで話すか

じっと人の目を見ながら話をする人がいます。例えば、人を糾弾する人で、「ちゃんとオレの目を見て答えろ！」というタイプです。

上目づかいの甘えたしぐさで男性の目をじっと見て話す女性、笑顔で女性の顔をのぞき込むように見る男性も少なくないですね。

彼らの場合は、「私を見て、好感を持ってください」という気持ちと、「じっと見ていたい」という愛情によって、目が離せないのです。

前者と後者ではまるで受ける印象は違いますが、どちらも「訴えることがある」という点では同じです。相手よりも、コミュニケーション欲求が強いことも同じです。

視線を合わせるということは、気持ちも合わせようとする行為であり、にらみつけて「こっちを見ろ」というのは「オレの気持ちになってみろ！」であり、「ねえ、あなた、

こっちを向いて」というのは「私の気持ちをわかって」なのです。

恋をしたり、怒ったりという感情が高まったときというのは、人の心が見えやすいものです。心の中のことが、しぐさとなって出てしまうからです。

このポイントを踏まえて、次の二つの例を考えてください。

「課長、この書類、チェックしていただけますか?」

と、部下が課長のデスクに書類を置きます。パソコンに向かっていた課長は、

「わかった。ごくろうさん」

といいます。

さて、みなさんが課長なら、このときパソコンの画面から、一瞬でも目を離し、部下と視線を合わせるでしょうか、それとも画面を見たまま返事をするでしょうか。どちらを選ぶかで、部下の感じ方は大きく違いますが、どちらがいいかは明白でしょう。

目を見て話したほうが気持ちがいいとわかっているのに、それができないのは、コミュニケーション力が欠落しているか、相手に対する温かい気持ちがないからです。

仕事を指示するときにも、よそ見をしながら「これ、やっといて」と、机の上に書類をポンと置くような態度は粗暴な感じがするものです。やって当然の仕事でも、相手の

顔をしっかりと見て、「これ、お願いね」とにっこりとほほえむほうが品格が出ます。

上の人は、指示するときには、部下を傷つけることなく、喜んで自分の指示に従おうと思わせるような態度を示してほしいものです。実際の話、そのほうが、仕事はトラブルもなく、スムーズに展開しやすいものです。

矛盾した言動で、人は「つらい気持ち」になる

心理学用語に「ダブルバインド」というものがあり、直訳すると「二重拘束」ということになります。意味は、「二つの相反する言動を一度に受ける」ということです。

例えば、父親が子どもに「お前は男の子なんだから、外に行って遊んできなさい」というけれども、母親は「しっかり勉強しなきゃ、お父さんみたいになっちゃうでしょ！」という状況です。これでは子どもも困ります。

あるいは、会議では「しっかり計画を練ってから、営業に出なさい」といいながら、机に向かって計画を練っていると、「何もたもたしてるんだ。早く得意先回りに出かけんかい！」という上司の発言です。

このような、「じゃあ、私、どうすればいいの？」といいたくなるような言い方は、人を混乱させ、傷つけてしまいます。

夫婦でとことん話し合って、子どもには共通の言葉でいうことが必要です。たとえ、両方の意見がそれぞれ間違っていないとしても、子どもを迷わせたり、苦しめたりしたのでは、なんにもなりません。両親が矛盾したことをいい続けては子どもの精神を痛めつけてしまいますし、健全な成長をはばむことにもなります。

この上司のように、ひとりで矛盾したことをいったり、やったりする人の多くは、頭で考えている「理想」と、目の前にある「現実」に大きな開きがある人です。

理性としては「計画的に仕事をさせるべきだ」と考えているのですが、部下が精力的に働いている姿を見ないと、感情の部分で納得できないのです。このような上司による、理性と感情の「気ままな発信」によって苦しんでいる部下も多いと思います。

親でも上司でも、あるいは教師にもいえることですが、「相談しなさい」「自分の意見をはっきりいいなさい」といいながら、相談したり、意見をいったりすると不機嫌になり、「そんなことは自分で考えなさい」と冷たく反応し、そのあとの話ができない状況を作ってしまう人がいます。

確かに、自分で考えさせたほうがいいこともあるでしょうが、相手の話には冷たく反応し、自分の考えを懸命に押しつけようとするなら、まさに二重拘束になってしまいます。一方で「相談しなさい」といい、一方で「自分で考えなさい」というのでは、自己矛盾を人に押しつけているだけで、そのためにつらい思いをしている人もいるのです。

人を傷つける話し方の本質は、このように自分自身の心の問題によるところも大きいと思います。「人には、やさしくいおう」と心がけるのもけっこうですが、それよりも、「人には、やさしく接する人になろう」と心がけて実践することのほうが「人に認められ」て、結果的に「得する自分」に近づけるのではないかと思うのです。

人を喜ばせたい、人を幸せにしたい、そういう気持ちがあふれてきたら、「ものの言い方」も、知らず知らずのうちに人を引きつけるものになっていると思うのです。

第2章 職場で「得する人」「損する人」の話し方

嫌われる上司は、部下を叱ってウサ晴らしする

人前では臆してしまう人、細かな計算が苦手な人、敏速に物事を処理できない人……など、人はある程度の社会経験をすることによって、自分の欠点を自覚してゆくという一面があります。ですから、ほとんどの人は、自分の欠点をよくわかっていると思います。

交渉ごとや営業がうまくいかなければ、落ち込んだり、どうすればいいかを考えたり、策を練ったり、気分転換したり、右往左往しつつ、欠点を克服するためにあがくこともあります。

そんな苦しい局面のときはとくに、上司からのひとことでやる気になることもあれば、さらに気力をそがれたり、自信喪失したりすることにもなります。

「ダメダメ。こんなプランじゃ。お前みたいな社員がいるから、会社の業績が下がるん

だよ。少しは真面目に考えてくれよぉ」

などと、部下の気持ちには無頓着な上司を見かけます。評価できないプランを持ってきた部下を批判するのはしかたないけれども、社員としての存在を否定するような発言は、誰の利益にもならないのです。せいぜい、自分のウサを晴らして、すっきりするぐらいのものですが、それさえも長い目で見れば自分のストレスを増やしているだけです。

話し方ひとつで、部下のやる気も変わるのですから、ここは同じ叱るにしても、次の発展につながるような言葉選びをしてほしいところです。

「このプランのどこが悪いかわかるか？　問題点を書いておいたから、よく読んで考え直して、もっといいプランを出してくれ」

と、例えば、部下本人の存在自体を否定するのではなく、よくない部分を明確にしてヒントを与える方法です。それが上司の仕事のひとつ、「指導する」ということです。

仕事場は、教育の場ではありませんから、部下を平等に扱う必要もありませんし、根気よくできるまで見守るような教師になる必要もありません。けれども、精神的に追い込んだり、人格を否定したりするばかりで、部下の能力開発を怠ったのであれば、それは社員、経営者、株主などの関係者に対する背信行為といえるかもしれません。

「お前はダメだなあ」……と、人格を否定するのではうまくありません。

「ここが間違っている、もう一度考えなさい」という指導をするのが、上司としての、仕事の本領のようにも思います。それがまた、上司自身が、将来「得をする」起点になると思います。「後生、恐るべし」といいます。その部下には、「まだ力がない」かもしれませんが、着々と力をつけて会社を仕切るようになったとき、それはそのまま、上司自身の出世を押し上げることにもなります。

話し方の順番に要注意！最後のひとことで印象が決まる

同じことを話すにも、相手にいい印象を与える場合と、イヤな印象を与える場合があります。そのポイントのひとつは、話す順序です。例をあげますので、A部長とB部長を比べてみてください。

A部長「確かになかなか丁寧に作ってあるけれど、こんなに効率が悪かったら、会社の利益はないじゃないか。新人じゃあるまいし、もっと考えてやらなきゃダメじゃないか。困ったやつだなあ、まったく」

B部長「効率が落ちてるな。このままだと売り上げが落ちるのはわかってるよな。工夫してペースを上げるようにな。とても丁寧な仕事をしているキミのことだ。きっちりやってくれると期待してるぞ」

人の言葉というのは、最後のひとことが強い印象となって残るものです。

A部長のように最初にほめておいて、最後に感情的な言葉まで入れて怒ったのでは、部下には不快感ばかりが残ってしまいます。おまけに、新人と比べられるイヤミと屈辱は、A部長への反感をつのらせることにもなります。

B部長のように、最初にいうべきことはいうけれど、きちんと評価し、そして、最後を「期待している」というやる気にさせる言葉でしめることによって、部下は自分を認めてくれていると思うものです。

部下は「自分の仕事がどう評価されているか」についてはもちろん気になるところでしょうが、同時に、A部長には快く思われていないと感じ、B部長には好かれていると感じることになります。

自分に好感を持っている人には好感を持ち、自分に嫌悪感を持っている人には嫌悪感を持つ……これは心理学では当然のことです。

ということは、「A部長は、私のこと好きじゃないんだ」と思った部下が、A部長のために積極的に何かしたいと思うことは期待できなくなります。これでは、A部長自身が得をしないのです。

これを避けるためには、部下を注意したり、指導したりするときは、必ず逃げ場を作ってやること、適切な評価を与えること、そして、期待を込めた励ましをすることが大切なポイントになってきます。

「厳しいけれどいい上司」は、部下に感謝されて人脈もできますし、業績も上げ、自分が出世できる環境も整ってきますから、結果的に「得をする」わけです。

部下もまた、話の順序を間違えないように注意してください。相手に謝罪するときによくやるのですが、先にいいわけをすると、怒りを買うことは覚えておくといいでしょう。

例えば、約束の時間に遅れて行って、契約を破棄された部下が、上司にその報告をしたとします。上司が、「どうしたんだ？」と聞くと、

「事故渋滞につかまって、約束の時間に遅れてしまって……。でも、たった十分ですよ。それくらいで契約しないなんて、誰も思わないじゃないですか。すいませんでした」

と答えます。これで、「よし、わかった」と、納得する上司はいないと思うのです。

一方、ある部下は、こんなふうにあやまったとします。

「もうしわけありませんでした。私の読みが甘かったのです。事故渋滞でわずか十分の遅刻とはいえ、先方を怒らせてしまったわけですから、明日またうかがって、謝罪して

きます」

……上司の立場としては、素直に許すわけにもいきませんが、「そうか、今後はもっと余裕を見て出かけろよ。しかたないな、明日はオレも一緒にあやまりにいってやるか」と、気持ちのありようは、前者とはだいぶ違ってきます。

両者とも、報告内容はほぼ同じです。ところが「話の順序」が違うだけで、その受け取られ方は、こんなに差が出るのです。同じ謝罪にしても、どうせなら、相手に与える印象が「自分の得になる」ようにしたほうが賢明ですね。

「上の空」の相づちで、人の心は離れてゆく

　自分のほうをしっかりと見て、相づちを打ってくれる人は、自分の話を聞いてくれている人と思えます。話し終えたあとには、きちんと聞いてもらったという満足感と相手への信頼感も生まれます。

　ところが、「はい」とか「そうね」と合いの手を入れているけれども、明後日の方向を見ている人は「上の空」、ちゃんと聞いている人とは思えません。

「うん、うん」と上の空で相づちを打っている人は、まったく聞いていないのでしょう。

「なるほど」と、納得しているかのような言葉を使う人もいますが、連発されると、

「この人、とりあえず、なるほどといっておけばいいと思ってるな」と、心の中を読まれてしまいます。

「上の空対応」であることは、自分ではあまり意識しないものです。というのは、とも

かく耳から入ってきますから、相手のいっていることはわかっているつもりなのです。けれども相手をカチンとさせていることが多いものです。ときには、相手を傷つけたり、怒らせたりしてしまうことにもなり、それまでの信頼関係にヒビが入ることもあるでしょう。

「上の空対応」は、相手に「自分はとても軽んじられている」と思わせるものです。夫婦や恋人が「上の空対応」になってくると、「ちゃんと聞いてるの！」とケンカになることもありますね。夫婦というのは、こういう些細なことの積み重ねで、関係が悪くなりますので、要注意です。

職場では、「上の空対応」をしても、表立って行動し、ケンカに発展することはないでしょうが、表面上は穏やかな人間関係でありながらも深く根に持つ可能性があります。部下が上司の話を上の空で聞き、「はあ」「ふーん、そうなんですか……」というような、かったるい対応をすれば、「真剣味のないやつだな」と、心の中では評価を下げるでしょう。何回かそんなことがあれば、「ダメな部下」という烙印を押すことにもなります。夫婦のようにケンカに発展するわけでもなく、関係も表面は穏やかですが、職場での評価は確実に下がり、信頼関係も損なっていくことになるのです。

「おお、どうした？」と身を乗り出して、人の心をつかむ

話をする前段階、あいさつや返事も、好感度や信頼度を左右する重要なファクターです。

朝一番、大きな声ではっきりと「おはようございます！」という人と、うつむきながら、口ごもって「おはよっス」というだけの人やロクにあいさつもしない人とでは、接する態度が変わって当然でしょう。

かといって、設計やプログラミングをしている人が集まった静まりかえった部屋のドアを開けて、いきなりの大声で「こんにちは！」といっても、自分の声がむなしく響くだけのときもあります。その場にそぐわない「元気ぶり」に誰も反応できず、シラケた空気になることもありますから、これはこれで困ったものです。ＴＰＯに合わせた適切なあいさつは、社会人の基本といってもいいのではないでしょうか。

返事もまた同じです。上の空の相づちのように「心ここにあらず」ではいけませんし、「どんなときでも大きな声を出せばいい」的な返事もうまくありません。

上司から声をかけられたら、瞬時に状況を把握し、周りの人に迷惑でない範囲の大きな声で、はっきりと素早く返事をすること、です。

計算をしているときなど、手の放せない仕事をしているときは、すぐに返事をしてしまったら、中身が吹っ飛んでしまいますね。そんなときは、すぐには返事できませんが、そのときでも「はい、ちょっと待ってください」と、とりあえず言葉を発するといいでしょう。そして、区切りがついたら、すぐに上司のところにかけつけ、

「すみません、どうしても手が放せなかったもので……」

と謝罪すれば、上司も何も不満には思わないものです。

上司もまた部下に話しかけられたときは、できるだけしっかりと返事をしたいですね。「部長！」と呼ばれているのに、すぐに返事をせず、何度か呼ばれて初めて、「ん？」としかめっ面でいうなんてのはもってのほかです。

部下から声をかけられたとき、偉い自分が「はい」と返事をするのは、なんだか間尺に合わないと思っている人が多いようですが、案外、感じのいい返事が、好感度を上げ

ているものなので、「はい」もいいものです。

もちろん、「おう、なんだ?」というようなフレンドリーな返事もいいでしょう。面倒くさそうにではなく、「おお、どうした?」というように、前のめりで相手の話を聞いてやろうとする姿勢が好印象を与えます。

返事や相づちというちょっとしたことでも、相手に与える印象はかなり違ってきます。職場や家庭は人生の多くを過ごすところです。小さなことでも積み重なれば、人間性そのものを映し出すものとして見られてしまうのです。

パニックになったときの、この「ひとこと」で損をする

「△△君、キミか!? 倉庫の整理を怠ったのは！」

と、まったく身に覚えがないのに、上司はとても怒っている……そんな状況に直面したことはないでしょうか。

「いえ、私じゃありません」

「ウソ、いうんじゃない！ 私の目は節穴じゃないんだぞ！」

と、濡れ衣を着せられ、釈明したくても聞く耳を持たず、あとになって他の人が原因だとわかっても、ひとこともあやまることもなく、

「ふだんから、しっかりやってないから、疑われるんだ」

などと、さらにおかしなことをいうのですから、たまりません。

こういう人は、「損する話し方」という問題以前に、「損する人格」ということなので

しょうが、まずカウンセリングに行かれたほうがいいかもしれません。

ところが、性格的には問題がないのに、この上司と同じような「困った人」と思われてしまったら、それこそ大損だと思いませんか。

仮に、職場の自分の机の上の、本来あるべきところに資料がなかったとしたら、みなさんならどうしますか？　机の中、机の下や隣の席との間など、とにかく身の回りを探し、最後にどこで見たかを思い出そうとしたり、車の中に置き忘れてないかと考えたり、家に電話をしたり、ともかく「自分がなくした」という前提で探すでしょう。

ところが、机の周りをちょっと探しただけで、すぐにパニックになり、

「机の上に置いた資料がない！　どうしたのかしら？」

と仕事場の隅まで響きそうな声で叫び、大騒ぎする人がいます。

こういう言動がアブナイのは、「誰か持っていったでしょう！」と、周りの人に聞こえてしまうことにもなりかねないところです。もちろん、誰かのせいにしたいわけではないのでしょうが、そう聞こえるのです。同僚も、自分が疑われているのかしら？……と思ったら、「一緒に探してみよう」という気にもなりませんね。

そして、さんざん大騒ぎした結果、鞄の中から出てきて、「ああ、よかった」のひと

ことで終わりです。周りの人は、何か「疑われ損」をしたような割り切れないものが残ります。こういう人は、同じことを繰り返しますから、いつか本当に誰かが持っていってしまったときでも、「どうせ、自分でどこかに置き忘れたんだろう。だらしないなあ」と思われ、関心を持たれなくなってしまいます。

これとは逆に、大した探し物でもないのに、周りのみんなが手を貸してくれる人もいます。どういう人かといえば、懸命に自分の周りを探し、記憶をたどってみてもダメで、どうしても見つからなかったら、そこで素直に協力を求める人です。

「すみません、みなさん。Ａ４で黄色いファイルどこかで見ませんでしたか？　昨日、家に帰る前に、机の上に置いたままで出ちゃったと思うんですけど、記憶違いみたいで、見つからないんです。もしかしたら、間違えてどこかに置いてしまったかもしれないので、すみませんが、みなさんの机の周りを探していただけませんか？」

と。人は、自分のミスを告白している人には冷たい視線は向けにくいものです。

「よし、みんな探してみようよ」といってくれる人が現れたり、

「出先から帰ってきたとき、車に忘れたんじゃない？」

「鞄の中は見たかい？　もう一度、確認してみたら？」

と、的を射た指摘をしてくれる人が現れたりすることもあるでしょう。

困ったときの態度ほど、人は嫌われたり、好かれたりするものです。パニックになって大騒ぎするのではなく、謙虚な気持ちで協力を求める手法が、自分に得をもたらす話し方の基本です。その落ち着いた態度が周りの人を安心させ、信頼感を醸成してゆくこともあります。

建設的な話で人に好かれ、気分的な話で人に嫌われる

リーニュ公の言葉、「会議は踊る、されど進まず」ではありませんが、会社の会議というのは、「会議のための会議」が多いらしく、実際には、「実のないものばかり」という話を聞いたことがあります。その原因のひとつは、会議の場で話し合われる議題を参加者が、その場にきて初めて知らされるという準備期間の欠落にあるということです。調べる時間も、深く考える時間も与えられなければ、「では、この提案は否決するしかないでしょう」とか「では、この案件は次回に再検討ということで」などとペンディングになることが多く、結論にはなかなか結びつかないのだそうです。

会議が長引いたり、結論が早く出なかったり、せっかくのいい提案が実を結ばなかったりするのは、「話し合われる案件のことを知らない人たちが話し合うから」なのですね。

知らないことに同意はできない、わからないから賛成できない、短い間に質問するものの理解できないから結論が出せない、なんだか不安だから「それは本当に売れるのか?」などとケチをつけ始める……若い人たちの目には、そう見えてしまいます。

その原因の根本にあるのは、やはり会議を建設的な場にしようとしていないことにあります。より建設的な話し合いをしようと思ったら、会議資料はせめて会議の前日には配布しなければ、仕事への意欲が低くなり、やる気のある人のパワーを奪ってしまいます。

建設的な話し合いをするためのポイントは、建設的に話すことです。とても当たり前のことなのですが、意外とこれができていないものです。

「それは違うような気がするなあ」

「あなたのいうことは、あくまでもあなたの予想だろう?」

……と、ひとつの提案に対して批判することは悪くありませんが、核心を突く指摘ではなく、論理的でもなく、気分的な否定意見で方針が決まってしまうことも多いようです。

会議に何かを提案する人は、それなりの考えがあって、それなりの調査もしているはずですが、「なんとなく、違うような気がするなあ」と、気分のままに処理されたのでは、仕事のやりがいもなくなります。

本当にダメなときは、論理的にダメな理由を述べ、「こう考えてみたらどうだろう?」という、建設的な話をすることが重要なのです。そうすれば、「その手もあるけど、こういうのもあるんじゃないですか?」という意見も出てきて、会議は大きく展開します。

気分的な批判ばかりでは、いずれ自分が批判されることにもなります。仮にライバルの提案であっても、建設的な意見を述べることによって、人間的にも信頼されるのです。

「結論はペンディング」という会議ほど、無駄なことはないと思います。会議の参加者が十人とすれば、ふだんでも忙しい十人が時間調整をして、会議に二時間も拘束され、結果がペンディングというのでは、なんのために集まったのかわかりません。建設的な意見を述べてこそ、「会議は進む」ということです。

「センスのいいあなたに」と、人に仕事を任せる

夜勤や出張を代わってもらったり、忙しいときに手伝ってもらいたいことがあったりしても、イヤな顔をされたり、不愉快な言葉を返されたりするかもしれないと思うと、なかなかいい出せないものです。職場で、人に頼みごとをするには、それなりの苦労もあります。

また、ふだんから先輩面するタイプの人や、もともとが腰かけで仕事をしているようなタイプの人は、「私に頼むんじゃないわよ」という気分を露骨に発していますから、ますますいい出しにくいのではないでしょうか。

しかし、話し方次第で彼らを動かすことも不可能ではありません。

同僚から見ると「偉そうでイヤなやつ」であるけれど、上司のいうことはよく聞くというタイプの人がいますが、そういう人は自分の評価が気になる人であったり、心の中

に不安を持っていたりする人です。彼らには、「部長が、○○さんは頼りになるから、手伝ってもらうようにっていってました」というくらいのお世辞をいってみましょう。

先輩ぶりたいタイプの人には、「先輩だけが頼りなんですよ」とプライドをくすぐり、続けて、「先輩が忙しいときは、絶対にお手伝いしますから。なんとか頼みます」と、拝み倒す手法に効果があります。偉ぶりたい人ほど、頭を下げられることに弱く、持ち上げられると弱いのです。

ふだんから「あまり仕事に熱心ではない人」には、仕事上のほめ言葉は通用しません。そういうタイプの人には、センスや才能をほめるのが効果的です。

「このデータをグラフにしてほしいんだけど、手伝ってくれないかなあ。あなたのセンスで美しくデザインしてほしいのよ。私じゃダサクなっちゃうから」などといえば、「OK、任せて」と、喜んで引き受けてくれるでしょう。

お世辞は上司に使うためのものではなく、職場の人間関係を円滑にして、スムーズに仕事をするために効果がある……と割り切ってもいいかもしれませんね。

意見をまとめながら、方向性を示す

何人かの人が集まれば、違う意見があって当然です。本来ならば、その異なった意見をまとめ上げてゆくのは所属長の仕事です。

実際の話、まとめ役も調整役もいない部署では、いつまでも結論を出せず、だらけたムードになったり、感情的な罵り合いに発展してしまったりすることも多いようです。

しかし一方で、役職者ではないのに影響力を持ち、しっかりと意見を集約していく人もいます。

「なるほど、Hさんは全面的に賛成なんですね。Kさんは反対。Dさんは工期の問題さえクリアされれば賛成で、Mさんは予算的に無理だという意見ということでいいでしょうか。私、思うんですが、会社の方針としてやらなくてはいけないことなので反対といってもしかたなく、工期と予算をクリアするための方法を今週中にもう一回、考え直すということで、とりあえずやる方向で考えてみましょうよ。私は、いままでの業者を使わなければ、なんとかなるような気もするんですよ。やるだけやってみて、それでも無理なら、部長に数字を見せて無理だといったらどうですか？　ねえ、課長」

……反対意見をいうわけでもなく、ただ賛成するわけでもない。みんなが反対しにくい結論を見いだし、反論しにくい話し方をすることによって、長々とした会議にけりをつける。これは誰にとっても、うれしいことではないでしょうか。

こういう話の交通整理ができる人こそ、リーダーとなるべき存在として、仕事場で認められてゆくのでしょう。

職場では、仕事への能力を発揮することも評価されますが、多くの人の信頼を集めた人が人望を得ます。「人望がある」、それは情報も人脈も権力も集まってくることを意味します。とくに飛び抜けた実務能力があるわけでもないのに、なぜか組織を牛耳っている人は、そういう調整能力が優れている人なのです。

どうせ引き受けるなら、快い返事をする

十年ほど前、ある知人からこんなグチを聞きました。

仕事を終えて「さあ帰ろう！」というときになって、まるで待っていたかのように、「なあ、キミ。このメモを明日の朝まで、ワープロで打っておいてくれよ」といってくる上司がいたのだそうです。

やりたくない仕事。でも立場上、断ることはできない。こういうときの対応や話し方で、損をすることもありますし、得をすることもあります。

「ええ、そんなー。もう就業時間終わりじゃないですか！　もっと早くいってくださいよね。私にも都合ってものがあるんですから」……これは、不合格です。

「急ぎなんですね。わかりました。なんとかします」……これは、及第点です。

「はい。喜んでやらせていただきます！」……これは、返事としてはいいのですが、損

な役回りを継続的に押しつけられることにもなりかねないので、不合格ではありませんが、望ましいともいえません。

「わかりました。でも、課長。明日の昼ご飯、奢ってくださいよ」……これが、合格のように思います。あるいは、

「課長、頼みますよ。もうちょっと早くいってくれたら、会社から残業代をふんだくらなくてよかったんですから、あはは」

というくらいのユーモアで対抗できたら、理想的ではないでしょうか。

どうせやる(やらなければならない)なら、イヤミったらしくしないほうが、絶対に得です。かといって、なんでもかんでも受け入れたら、それが自分の役目のような空気が生まれてしまいます。明るく、楽しい雰囲気を作りながらも、ある程度のプレッシャーをかけていくのが、実践的で有効な手段といえるのではないでしょうか。

クレームは「あなた」ではなく、「私」を主語にする

多くの従業員がいる職場であればあるほど、個性的というべきか、癖のある人というべきか、ちょっと困った人の割合も高くなってゆきます。

どこが困るのかといえば、規則を守らなかったり、モラルに欠けていたり……小さなことではあるけれど、逆に、こんなこともできないのかと、腹立たしくなることもありますね。

取引先に一緒に行くことになっていた同僚が、待ち合わせに遅刻してきたとします。先方に迷惑をかけるわけにもいかず、とりあえずひとりで出向くと、あとから同僚が悪びれたふうもなく現れて、平然としています。

先方は、自分が約束の時間通りに来ているから、笑ってすませてくれてはいますが、どうにも納得がいかないのです。こういう理不尽なことは、気にしていたら切りがあり

ませんが、黙って見過ごすわけにもいきません。

「あなたは、自分のしたことがわかってるのか。社会人としての自覚を持って、しっかりしてくれないなら、私は、あなたとは一緒に行動しない」と怒りたくなるのも無理からぬことですが、これはたいていの場合、逆効果に終わります。

というのは、このようなタイプの人というのは、「こんなことで本気で怒っちゃって、人間が小さいねえ」などといって、自分の責任など気にしないのがオチだからです。

ではどういえばいいかというと、それは「あなたは間違ってる!」というように相手の非を責めるのではなく、「私はあなたがこなくて、本当に困りました」というように、主語を「あなた」から「私」に変えて話すことです。

こうすることによって、「自分が責められている」という心理的反発が消え、相手も、こちらの言い分を受け入れやすくなるのです。

加えていうと、「そんなことしては困ります」ではなく、「○○してくれると助かります」というようなニュアンスの話し方をするほうが、相手が要求をのんでくれる可能性がアップします。

腹が立ったときに「バカ野郎!」と叫ぶと、一瞬はすっきりするかもしれません。でも、それでは何も変わらないのです。むしろ関係はますます悪くなっていきます。「この野郎！」と思っても、その言葉は飲み込んで、相手が耳を傾けてくれるように持っていくほうが、先々を考えればずっと得なのではないでしょうか。

余計な話をする人は、ダラダラと損をしている

近所の人と立ち話をしたり、気の合った友人とたわいもない話をしたりするのなら、いくら話題が飛んでもいいでしょう。けれども、職場で仕事の話をするときには、余計な話を交えて「話が長くなる」のは、同僚に迷惑をかけることもあります。余計なおしゃべりが本当に問題なのは、おしゃべりが本題のじゃまになるというところにあります。

例えば、建設会社の営業マンが現場監督に、こんな話をしています。

「例の立体駐車場建設の件だけど、近所から騒音の苦情がきてるんだよ。まあ、以前のマンション建設のときみたいに住民運動のような集団で抗議にきているわけじゃないけど、もめると面倒だからな。あのときたいへんだったろう？　オレなんか、あの騒ぎで息子の入学式に行けなくてな。あ、そうそう、お前んとこの娘さん、今度小学校にあがるんだっけな」

と、話している間に蘇ってきた記憶を次々としゃべってしまい、肝心の「立体駐車場建設の苦情問題」はどこかに飛んで行ってしまいます。

「作業開始時間を三十分遅らせよう」と提案したり、「いつまで騒音が続きそうだ?」と聞いて、次の苦情の際に「あと二日で終わりますから、ご勘弁ください」といったりするなど、具体的な話をしようと思っていたのに、すっかり忘れているのです。

聞いているほうも、最初に聞いた「立体駐車場建設の苦情問題」に関する意識が薄れ、どう対処しようなどと考えなくなってしまいます。

そうやって対策が遅れたぶん、「昨日も電話したんですが、まだうるさいじゃないですか!」と、苦情がきても「すみません、もうすぐ終わりますから」としかいえず、「もうすぐって、いつまでなんですか! まだ寝てる時間からうるさくされて困ってるって昨日もいったでしょう!」と、さらに怒らせてしまうことにもなります。

もし、営業マンが「立体駐車場建設の件、騒音問題になってるんだ。何か解決策はないか」という用件だけをいっていれば、現場監督は「じゃあ、工事開始を少し遅らせますよ。まあ、うるさいのは明後日までですから、また苦情がきたら、そういってください」という展開になったかもしれないのに、です。

世間話や無駄話は、人間関係の大切な潤滑油です。しかし、ビジネスの押さえるべきポイントの話をするときは用件だけを適切に伝えてほしいものです。

「そうなると思ってたんだ」は、逆ギレされる

一緒にスポーツ観戦したり、映画を見たりしているとき、「やっぱりなあ。そうなると思ったよ」という人が、あなたの周りにもいるでしょう。

自分は洞察力や想像力がいかに優れているかを誇示したいのでしょうが、あまり感じのいいものではありませんね。ちょっと意地悪して、「そう思ってたら、そうなる前になぜいわないわけ？」と、チャチャを入れたくもなりますね。

スポーツや映画なら、笑ってすむ問題ですが、自分が仕事上のミスをしたとき、「やっぱりね。私、たぶんこうなると思って見てたんだ」

などといわれた日には、「だったら、先にいえよ！」と、声を荒らげたくなりますね。

でも、相手の心理を推察すれば、「お節介しても悪いなあ」とか、「余計な口をはさむと、機嫌を損ねるかもしれないから黙っておこう」と思っていたのかもしれません。

危ないなあ、ちょっと注意したほうがいいなあ……と思いながらも、相手の気持ちも考えて黙っていたら「案の定、失敗した」ので、思わず「やっぱり……」といってしまい、これに逆ギレされたのでは目も当てられません。

では、どうすれば失敗させず、お節介だとも思われないのでしょうか。それは自分や他の人の失敗を教訓にしてもらうのが一番です。

「以前、あなたと同じような仕事をしていた人がいて、同じような方法を試したんだけど、見事に失敗したのよ。それは、○○○が原因でトラブルになったんだけど、あなたのことだから、その辺の問題はクリアできているよね」というように、です。

何がミスの原因になるかは教えるけれど、相手の甘さは責めない……つまり、相手のプライドを傷つけないでアドバイスするという手法です。

可愛がっている後輩なら、

「あなたねえ、○○○のことちゃんと考えてるわけ？　見たところ、対策、考えてないみたいだけど、だいじょうぶ？」

という具合に、少々きつい表現でも許されるでしょう。けれども、あまり親しくない相手には、頭ごなしにいって反感を買ったり、やる気を低下させたりするのもよくないですから、できるだけヒントを与えるだけにとどめたいものです。

そして、万が一にも「俺の思ってた通りだ。失敗すると思ってたよ、お前は」などと、鬼の首でも取ったような気分にならないことです。「思ってた通り」というのは、「ざまあみろ」といっているようにしか聞こえないものです。

話し方の「オンとオフ」、切り替えられる人は得をする

話が脱線したり、余計な話を長々したりすると本題を忘れられたり、勘違いされたりする恐れもありますから、仕事の話については、できるだけ簡潔であることが重要です。

けれども、帰りに赤提灯で一杯やりながらプロ野球や相撲の話をするときまで、要点をまとめてきっちり話をする必要はありません。ところが、「そうか。キミが阪神ファンになったのは星野が監督になってからで、巨人が異常なほど嫌いになったのはホームランバッターばかり集めるからなんだな。で、そっちのキミは清原ファンで……」というように、人の話を聞いて、まとめに入られたら、すっかり興ざめですね。

そんな人はいないと思うかもしれませんが、年輩の人の中には、世間話をしているときでも、仕事と同じ感覚で「話の整理」をしたがる人が案外います。

こういう「仕事しかない人」は、いつも論理的な考えを持ち込みますから、ケンカの

仲裁には役立つこともありますが、楽しい会話の途中では、ちょっとうんざりしますね。

なぜみんながリラックスしているときでも、彼の意見はこう、彼女の好みはこう、というように、けじめをつけたがるかといえば、「頭の切り替えができていない」からです。

相手に的確に情報を伝えるべき「ビジネス会話」と、一緒にいる人と楽しい時間を過ごす「日常会話」の区別をつけられない人といってもいいでしょう。

忘年会で「今日は無礼講だ！」といいながら、仕事の話をさんざんし、「こっちにビールないぞ！」と、イヤがる部下を呼びつける上司も、仕事とアフター5のオン・オフのできない典型的な人です。

仕事には厳しいけれど、一歩会社を出たら、部下を叱ったことなどまったく忘れているかのように接する……これがオンとオフの使い分けができる、いい上司です。

かの本田宗一郎さんは、開発現場で大声で怒鳴ったあとでも、お酒を飲んで話をするときは、満面の笑みを浮かべて部下たちと楽しいひとときを過ごしたそうです。仕事中に思い切り集中してエネルギッシュに働く人ほど、切り替えがうまくできる人です。

いつも「あいまいな話」の人は、「できない人」に思われる

世間話やたわいのない話なら、白か黒かをはっきりさせたり、具体的にどうすればいいかを決めたりする必要はありません。

夫婦で買い物の話をするときは、「今度の週末は新宿のデパートに行って、昼ご飯は外で食べようよ」というだけで十分ですね。出発の時間を正確に決める必要はないですし、どのデパートかを特定しなくてもとくに問題はありません。

しかし、ビジネスの社会ではこういう話し方は、「話をした意味がない」といってもいいほど役に立ちません。

「じゃあ、そのうちK工業団地から材料を仕入れてくるか。あのあたりにうまいラーメン屋があるの、知ってる？　テレビでも紹介された有名店なんだよ」というような話では、仕事にならないからです。

いくらの予算で、何をいくつ買うのか。単価がいくらなら買ってもいいのか。どこの会社と取引するつもりなのか。何時に先方にうかがい、何時に社に戻るのか。一緒に行くなら、何時にどこで落ち合うのか……など、詳細を決めたり、報告したりしなければ、具体的な仕事にはなりません。なぜその会社との取引を望むのか、そういう理由もしっかりといえるだけの下調べも必要です。

もうひとついけないのは、自分なりの結論がないまま無責任に話を変えてしまうところです。仕事の肝心な部分はいい加減、昼食の話は具体的というのでは、あまり優秀なビジネスマンとはいえませんね。これでは明日の予定が立ちませんし、「この人、仕事をなんだと思ってるんだ？」と軽蔑されてしまいます。

「明日は、K工業団地のJ産業に十一時に行こうと思うんだがどうだろう。原価計算してみたら、ウチの予算で買えそうな材料を作ってるところが、二社あるんだ。十時に会社から車で出るから、もし会社にいないようなら、直接向かってくれないか。うまいラーメン屋があるから、帰りに寄ってこよう」といわれれば、相手は「はい、わかりました」ですみ、仕事もスムーズにいくのです。

第3章

何気ない「話し方」が自分の株を下げている！

「話の内容」よりも、「話し方」で評価が決まる

相手との初対面のとき、それは仕事関係の人であれ、就職の面接であれ、男女の合コンであれ、私たちは「何を話すべきか」ということがとても重要なことと思いがちです。

とくに面接や合コンは、一回勝負がほとんどですから、「気の利いたこと」「立派なこと」「おしゃれなこと」などをいわなければならないと、気合も入ります。

ところが、ある調査によると、第一印象の「いい感じ」「イヤな感じ」ということについていえば、「何を話したか」ということは、さほど重要ではないのです。

初対面の人同士が、何を手がかりに相手の第一印象を感じているかといえば、

1＝容姿、服のセンスなどの「ぱっと見たときの外見」

2＝「しぐさや表情などを含めた、話すときの雰囲気」

と続き、「会話の内容」は、それほど強い印象としては残らないということです。

相手が自分に対して持つ印象は「何を話したか」よりも「話すときの雰囲気」によってほぼ決まってしまう、そういうことになります。

実際の話、私たちは何気ない会話をしながらでも、相手の表情、話し方や声質から、「こんなふうにわかりやすく説明できるとは、この人はとても頭のいい人だなあ」「早口でせっかちな話し方をする人だなあ。落ち着きのない性格なのかもしれない」などとその人の能力や性格まで読み取っているものです。そのくせ、会話の内容は「うろ覚え」で、一晩寝ると、「何か、そんな話をしたけれど、結論はどうだったかな」というぐらいに忘れていることもあります。

また、嫌いな上司に怒られたときには、その上司の怒鳴り声と形相だけが印象に残っていて、「何を注意されたのか」その内容はよく覚えていないという経験もあるでしょう。

これはおそらく、1や2は「感覚として受け入れるもの」であり、自分の目や耳からなんの抵抗もなくインプットされます。

ところが、「話す内容」というのは、それを理解するためには自分の脳みそを働かせなければなりません。そのぶん、エネルギーも必要になりますし、相手の話にうなずいたり合いの手を入れたりしながらも、無意識のうちにも「面倒なこと」と思って拒否していることもあるのでしょう。それが、「話す内容」は、あまり印象に残らない理由のようにも思います。

自分の「話し方の癖」、気づいていますか

さて、「何を話すか」より「どのように話すか」が大切なのですが、そこでまず自己チェックしてもらいたいのは、あなた自身の「話し癖」であり「口癖」です。

私たちは、相手の話し癖や口癖にはすぐ気づくものですが、自分の癖には無関心です。無自覚な話し方のせいで「この人はちょっとね……」と思われているとしたら、それだけで大いなる損をしているのです。どんな人にも「話し癖」はあるものですが、どうせなら、相手に受け入れてもらえる「得する癖」でありたいものです。

ここで、自分にはとくに「癖がない」と思った人は、要注意です。それはたんに無自覚なだけであって、人と会話をするたびに、知らず知らずのうちに「損な自分」を披露しているのです。「仕事がうまくいかない」「人間関係がうまくない」「面接でいつも落とされる」「合コンがうまくいかない」……これらの原因は、おそらく話し癖です。

先ほどもいいましたが、極端な言い方をすれば、「話す内容」などはどうでもいいのです。問題は、どのような話し方をしているか、です。もちろん、話し方の癖がその人の個性となってアピールしている場合もあるでしょう。これは「得する癖」です。

一方、ニュースを読み上げるアナウンサーのように、癖も訛《なま》りもないきれいな話し方のために、逆に、周りの人に堅苦しさを感じさせてしまうこともあります。

とはいっても、アナウンサーというのは、さまざまな職業訓練を受けて、そういう話し方をしているのですから、彼らの人柄や性格が反映されたものではありません。とくに報道番組では正確に伝えることが大前提ですから、アナウンサー個人の感情や癖（訛りやイントネーションも含め）は排除して、万人にわかりやすく話すことが求められています。

また、話すスピードも速すぎると何をいっているのか聞き取れないし、遅すぎるとやはり意味がつかみづらくなります。以前は、一分間に三百〜三百五十語くらいが理想の速さといわれていましたが、情報が多量化・高速化している現在では四百語くらいまで上がっているといいます。それでも実際に試してみるとわかりますが、通常の話し言葉としてはかなりゆっくりしたスピードです。

私たちは、話したいことがたくさんあると、知らず知らず早口になっています。あるいは、ある種の興奮状態のとき、人を非難するとき、楽しいとき……など。問題は、その早口が、相手に「どういう印象を与えているか」です。

おしゃべりな人は、たんに「騒がしい人」という印象になる

「自分の話を聞いてもらいたい」という思いが強いぶん、心理的にせかされ、舌の回転も速くなってしまうのでしょうが、聞く側にとってみれば、たんに聞き取りにくく、ミス・ヒヤリングも多くなるだけで、逆効果になります。

大事な話、価値のある話であればあるほど、ゆっくりと話したほうが説得力と思いやりのある話し方になり、相手によく伝わります。

いつでも機関銃のようにまくしたてるタイプの人は、「おしゃべりだけど、話がよくわからない」「自分だけしゃべって、こちらの話を聞いてくれない」などと思われがちで、話す量の割りには周りの人からの「評価が低い」ものです。もっというなら、「いつもしゃべっている、騒がしい人」というだけの印象になり、また、聞き取りにくい話し方を平気でするところが、「思いやりのない人」というマイナスのイメージにもつな

がります。

急いでいるときや興奮しているとき、緊急事態のときは、どんな人でもふだんより話すスピードが速くなる傾向にあり、早口でまくしたてられると、たいていの人は「何事が起こったのか？」と身構えてしまいます。バラエティ番組の司会者がニュース報道のアナウンサーよりずっと速いスピードで話すのは、視聴者の注意を引き、興味をかりたてようという狙いがあるからなのでしょう。

ですから、いつも早口の人は、周りの人を落ち着かない気分にさせる「お騒がせ者」であり、本当に大事な話や緊急の用件でも「また、いつものつまらない話か」とだんだん相手にされなくなる恐れもあります。

タレントの久米宏さんや黒柳徹子さんも早口で有名ですが、これはテレビ番組の時間内で「より多くの情報を伝えたい」という気持ちの表れなのでしょう。ですから、その表現も的確で、「早口だけれどもおもしろい」というレベルの話し方の技術を身につけています。

普通の人が、これと同じレベルの話し方を身につけるのは、あきらめたほうがいいと思います。

総じて、早口の人は、あまり「よくない印象」を持たれている場合が多いものです。話し方もゆったりと落ち着いた人のほうが、周りの人に信頼感を抱かせ、親しみも持たれやすいといえます。

状況に応じて、話すスピードを変える

早口の人は、せっかちで神経質な性格と見られがちです。

そういう人で、てきぱきとした印象の人もいますが、ちょっと見方を変えれば「がさつな人」という印象にもなりかねません。

また、そういう上司が言葉をはさむ余地も与えないほどの矢継ぎ早の指示を出したとすれば、部下は「せっかち」「イライラしている」という印象を持つことになり、すっかり萎縮してしまいます。

逆に、しゃべるのが遅い人はのんびり屋で熟考型の性格と見られがちです。

けれども、あまりに遅口（こんな言葉はありませんが）では、「ドンくさい」「頭の回転が鈍そう」というマイナスのイメージも生まれます。とはいっても、早口すぎる人より「人がよさそう」「誠実な感じ」というプラスの面もあります。

さて、上司として、どちらが向いているのか。これは一概にはいえません。というのは、日常の話し方が「速いか遅いか」ということよりも、問題は、状況や相手に応じた話し方ができるかどうか、が上司の資質として問われているからです。

仕事の込み入った話をするときに早口でまくしたてたのでは、部下は面食らい、プレッシャーも感じて、仕事は滞ってしまうかもしれません。時間がないときに、あまりのんびりとした口調で指示を出されても、部下はイライラさせられます。

これはプライベートの場でもあてはまりますね。みんなが盛り上がっているときは、テンションが上がっていますから、ポンポンポンポンと話すスピードも速くなっています。そんな雰囲気のときに、「あのさー、えーと……」などと悠長に話しかけたのでは誰も聞いてはくれません。

ＴＰＯに応じて、話し方を変えてゆく、とくにスピードを変えてゆく……上司には、そういう能力が必要なように思います。上司だけでなく、部下にとっても、それは同じことがいえますが。

病院では看護師が医者に報告するとき、患者やその家族の前ではどんなに緊急の場合でも声を荒らげたり、早口で話したりするのはタブーなのだそうです。早口というのは、緊急事態であり、焦っているという印象を与え、患者は「何か悪いことがあったのか」と不安になることも多いからなのだそうです。

早口でしゃべる人、のんびりと話す人……どちらか一方に偏った話し方しかできないのでは、不都合が生じます。

声の大きな人は、自己主張は強いがじつは気が小さい

早口の人は、「相手に話を聞いてもらいたい」という思いが強い、そういう心理状態にあります。これに通ずる心理として、その場にそぐわないほどの大きな声で話す人も、

「自分の話をちゃんと聞いてほしい」

「自分がここにいることをわかってほしい」

という潜在意識の表れと解釈されています。

その意識の裏には「自分の話を聞いてくれないのではないか」「大きな声でアピールしなければ主張が通らないのではないか」「自分は無視されているのではないか」という不安が隠されているともいえます。

そう考えると、やたらと大声で話す人、怒鳴るようにものをいいつける人は、自己主張が強いけれども実は気が小さく、人の目がとても気になる人ではないかということで

す。

◎大したことでもないのに、すぐに怒鳴る上司。
◎宴会の席で隣のテーブルまで聞こえるような大声で話したがる先輩。
◎「キャー、これカワイイー！」などとやたらリアクションの大きい女性。

……こういう人に限って、上司に叱られたり、周囲から白い目で見られたりしたときなど、それまでの喧騒がウソのようにしょげてしまったり、逆に居直ったりするのではありませんか。どちらの態度も、心の中にある漠然とした「自信のなさ」、そして「周囲の評価が気になる」という不安からきているように思います。

もちろん、声の大小には生まれついての個人差がありますから、単純に「声が大きい人は、自己主張が強いだけの小心な人」とはいえません。

けれども、上司へのいいわけなどの苦しい状況のときには消え入りそうな声なのに、自分が目立ちたい場面ではがぜん声が大きくなる人は、明らかに「自己主張が強いだけの小心な人」です。また、声が大きいだけでなく、身振り手振りなどのジェスチャーが大きい人も、やはり自己主張が強い性格といえます。

声の大きい人は、自分ではやさしく話しかけているつもりでも、相手には、どことなく「押しつけられる」ような威圧感を与えているものです。これは、長い目で見れば、損な話し方といえると思います。

実際、地声が大きい人は自分でもそれが気になるらしく、公共の場では意識して小さい声で話すように心がけている人も少なくないです。

信頼されたいときは、低い声に効果がある

「声の高い人」「声の低い人」……このふたりが、仮にまったく同じ話し方をしても、そのトーンから受ける印象というのは大きく違ってきます。

高い声に対するイメージとしては、一般的には「若々しい」「明るい」「愛嬌のある」「行動的」「女性らしい」「子どもっぽい」「騒々しい」「落ち着きのない」「ヒステリックな」といったところでしょう。

確かに女性の高い声は、はつらつとした若さを感じることが多いのですが、これもいきすぎると頭にキンキンと響いてうっとうしく感じるときもありますね。プラスのイメージからマイナスのイメージまで、とても幅が広いといえます。

一般的に男性よりも女性のほうが声質が高いけれども、その理由のひとつに次のようなものがあります。高い声のほうが助けを呼ぶときに遠くまでよく通り、自己防衛に役

立つからというのですが、これは、広大な空を飛ぶ鳥や肉食動物に狙われる草食動物の鳴き声が、たいがい高いトーンであるのと同じという解釈です。

女性を守るべき男性の立場からすると、高い声から「若々しい」「明るい」というプラス・イメージを抱くのと同時に、「落ち着かない」「うっとうしい」というマイナス・イメージの両方を抱いてしまうのも納得できそうです。女性の高い声に対して本能的に恋心をくすぐられる反面、本来エマージェンシー・コールである高い声を連発されると、神経が参ってしまうということです。

一方、低い声は「男性的」「年季の入った」「落ち着きのある」「信頼の置ける」「知的」「暗い」「威圧的な」というイメージが持たれやすいようです。

先ほどの動物学的な分析を借りれば、狼や犬が相手を威嚇するときに低い唸り声を発するのを想像してもらえば納得しやすいでしょう。人間でも、相手を脅かしてやろうというときは、高い声で恫喝するよりも低い声で迫ったほうが「怖さ」を演出できます。

声の高さが、相手の心理にどのような影響を与えるかを知っておけば、ケース・バイ・ケースで効果的に使い分けることができます。

例えば、仕事先などで信頼感や経験をアピールしたいときは、あえて声を低く抑えて、話すスピードもゆったりとしたわかりやすい話し方をすることによって、余裕ある態度を演出する効果があると思います。

逆にプライベートで、異性に対して明るさ、親しみやすさをかもし出したいときは、やや声のトーンを上げて話すのが効果的です。もともと好きな人の前では「声がうわずる」ものでしょうが、これを意識的にふだんよりも少し声のトーンを上げることによって、相手への好意を示すこともできます。

とはいっても、もともと声質の高い人がさらにトーンを上げたのではキンキン声になって、相手に不快感を与えることにもなりますから要注意です。

話すときの「抑揚のつけ方」が、人を引きつける

じつは「知的な」「やさしい」「冷たい」など、声の与える印象はもともとの声のトーンに加えて、抑揚のつけ方（イントネーション）にも大きく関係しています。

会話におけるイントネーションは、同音異義語を区別したり、文章の流れや指示語を明確にしたりするために不可欠なものです。あるいは、強調したい言葉に意識的にアクセントを置く場合もあります。

つまり、イントネーションには「より話をわかりやすくしたい」「自分の意図を正しく伝えたい」という働きがあるということです。

抑揚のはっきりした話し方は、わかりやすいし、話の流れにものっていけます。これは、一流の舞台俳優や落語家の話を聞けば、納得してもらえるでしょう。逆に、抑揚のない「棒読み」の話では、その内容がわかりにくいだけでなく、相手が何を伝えたいの

か、その意図を読み取ることさえ難しくなります。

伝えたい内容や状況に応じて、イントネーションや話すスピードを変幻自在に操れる人は「話し上手」な人です。しかも、わかりやすく、おもしろいから、聞いている人に「頭のいい人だ」「思いやりのあるやさしい人」「一緒に話していて楽しい」というイメージも抱かせます。聞いている側も、知らず知らずのうちに引き込まれてゆきます。

一方、なんの抑揚もなくボソボソと話している人は「自分勝手な冷たい人」という印象を与えているものです。

最近の若者たちに多いのが、

「ワタシ、今日バイトだからあー」

「カレが待ってるんでぇー」

などとやたら語尾が上がる抑揚のつけ方です。

本来、語尾が上がるイントネーションは、「○○ですか?」という疑問文や「○○ですよね?」と相手に同意を求める文、「○○になさいます?」という相手の意向をうかがう文、「○○してもよろしいでしょうか」と許可を求める文に使われるものです。

話の内容にかかわらず語尾を上げる話し方は、自分に自信がない印象、相手にゆだね、甘えている印象を与えます。「子どもっぽい」「頼りにならない」「自分の意見がない」というイメージになりますので、仲間うちのプライベートな会話ならともかく、会社やオフィシャルの場では避けたいものです。

若者言葉のオジサンが、それとなく敬遠される理由

若者言葉についていえば、「クラブ」や「ゲーム」などと本来、頭にアクセントのある単語を平坦に発音する若者が増えています。

アクセントの消滅は言語学上では「発音の怠慢化」ということであり、「ゲームセンター」を「ゲーセン」などと省略するのと同じで、日常でよく使う言葉を楽に発音するために昔から行われています。実際の話、いま五十代の人も、若い頃は池袋を「ブクロ」、新宿を「ジュク」などといっていた記憶があるでしょう。

また、発音の怠慢化は日本に限ったことではなく、英語でも言葉の省略や前の音が直後の音に引きづられて変化するリエゾン（例えば「ゲット・アップ」を「ゲラップ」と発音すること）などが見られ、万国共通のようです。

ただし、いまの若者のいう「クラブ」は、踊ったりお酒を飲んだりする昔の「ディス

コ」や「ダンスホール」のような空間で、女性が接客する銀座の高級クラブとは違います。彼らがアクセントをつけずに「クラブ」と呼ぶとき、従来の「クラブ」と区別するために、あえて発音を変えていると見ることもできます。

若者言葉に限らず、特定の人たちだけが使う専門用語の類でもアクセントの消滅は起こります。例えば、コンピュータ用語の「インストール」などは、直訳の意味にこだわるのではなく、あくまでも「コンピュータ用語の意味」として平坦な発音がなされているのでしょう（原語では「ト」にアクセント）。

つまり、言葉の省略や発音の平坦化は、仲間うちの隠語のようなものです。若者同士、同じ趣味や専門の人同士でこそ通じ合う「合言葉」といってもよいでしょう。

そういう「隠語」や「流行り言葉」をやたらと使いたがる人は、「自分だってそれくらい知っているんだ」「自分も仲間に入れてほしい」という思いが強いのでしょう。しかし「生半可の知ったかぶり」「うわべだけの仲間気取り」をしても、本当の仲間うちから見れば一目瞭然で、かえって反発を買ってしまうことが多いようです。

オジサンが若者言葉を使って話しかけると、逆に若者たちから警戒され、白い目で見られてしまうのはしかたのないことかもしれません。

信頼される人は、話しながらの「視線効果」を活用する

会話中に、「自分は相手にどう思われているか」は、誰もが気になるところです。ここまでは、声の大小・高低やイントネーションが、相手に与える「自分の印象」の大きな要因であることを述べてきましたが、これに加えて、話しているときの視線や表情、しぐさによっても、ずいぶん受け取る側のイメージは変わってくるものです。

相手が「ようこそいらっしゃいました。私たちはあなたを歓迎します」といってくれたとしても、相手がこちらの目をまともに見ようとせず、うつむきがちだったとしたら、「本当に自分は歓迎されているのだろうか」と不安になるでしょう。

こちらが話しているときでも、相手の視線がそわそわと漂っていると、「この人はこっちの話をちゃんと聞いているのか？　何か自分にいえないような隠しごとがあるのではないか……」

などと勘繰ってしまうこともあります。

「目は口ほどに物をいう」のです。視線は会話をするときの大切なコミュニケーション・ツールであり、視線や目の表情で、相手がいっている内容と正反対の印象を受けたり、こちらの意図を誤って解釈されたりすることは少なくありません。

会話中に限らず、相手の目を見つめるという行為は、

①「あなたの意見をちゃんと聞いています／尊重します」

②「あなた（の話）に興味・関心があります」

③「あなた（の話）に同意・賛成します」

④「あなたに好意を持っています」

などのメッセージが含まれています。見ての通り、①から④にしたがって、相手の自分に対する印象はより強く、好ましいものになっています。

相手が①〜④まで、どの程度の感情を抱いているかは、その視線を合わせる頻度や、ほほえみなどの表情で察することもできます。

もちろん、相手も同様にあなたの視線や表情で、自分に対する印象、評価を探っているのですから、初対面の相手に対しては、あいさつの際にはきちんと相手の目を見て①、

②のメッセージを伝えることが大切になります。同時に、笑顔を見せて「私はあなたに敵意はありません」という雰囲気もかもし出すと、第一印象としては「合格」となります。

会話中の視線を誤解してはならない

相手の目をしっかりと見てはきはきと話す人は、社交的、外向的な性格の人といえます。プライベートでは友人が多く、初対面の人でもすぐにうちとけることができますし、仕事でも「対外的なつき合いができる人」「仕事ができる人」と認められるでしょう。

ただし、「相手の目を見つめる」という行為には男女差があって、一般的に男性よりも女性のほうが会話中に相手の目を見る頻度も時間も多いといわれています。

男性の場合は、女性の顔や目をじっと見つめるのは照れがあったり、「失礼かもしれない」という遠慮があったりします。逆に、敵意を持っていると思われないように、それほど目を合わさないようにしている男性もいます。

確かに「目を合わせる」のは好意のサインですが、動物が威嚇し合うときに見られるような「敵対のポーズ」にも通じます。種の保存のために本能的に「自分にとって好ましい相手か否か」を見定めようとする女性に対し、女性を守る立場の男性は「自分（たち）に敵意を持っていないか」という警戒心のほうが強く作用するのかもしれません。

そういう理由で、相手の目を見て話すのがよいといっても、あまりにも長い時間、相手の目を凝視するようなやり方は威圧的な印象を与えることもあり、裏目に出ることが多いものです。相手が男性の場合は長くても一回に三秒程度、女性でも四秒くらいが適当でしょう。また、そのタイミングとしては、自分が話す際にはほどほどに、相手が話しているときには長めに見つめるようにすれば、「あなたの話をちゃんと聞いていますよ」というメッセージを伝えることもできるという効果もあります。

ともあれ、相手の目を見つめることに関して、男女の性差があることは覚えておいてください。よく、好きな男性が自分を見つめてくれないことに対し、

「私がこんなに愛情のサインを送っているのに、彼は全然返してくれない。私のことなど、なんとも思っていないのかしら？」

などと不安になる女性もいますが、たんに相手の男性が人一倍照れ屋で、人の目を見つめることに慣れていないだけかもしれません。

逆に男性は、女性が自分の目をじっと見ながら話を聞いてくれたからといって、「も

しかして、この人は自分に気があるのでは……」と早合点してはいけません。女性が相手の目を見ることは当たり前のことであり、あなたが特別な存在であるとは限らないのです。女性が好意を持ってくれているかどうかは、視線だけでなく、その他のしぐさを合わせて判断したほうが間違いのないところです。

メール依存症の人が陥りやすい「損する話し方」とは？

最近、若い人を中心に相手の目を見ながら話す人が少なくなったといいます。もしかすると、それは携帯電話やパソコンでのメールのやりとりに慣れてしまって、人と面と向かって話す機会が減っているからかもしれません。

メールでは、こちらが話している（打ち込んでいる）ときには、いちいち相手の反応をうかがうことはできません。いったん文章を送信して、その返事が返ってくるまでは、相手の気持ちを想像することもできないのです。

手紙も相手の反応がすぐにわからないという意味では同じですが、手紙には手紙のルールがあり、ただ用件を書きつらねるだけではなく、書き出しのあいさつやご機嫌うかがいから本件、結びのあいさつまでの一連の流れがあります。目の前に相手がいないぶん、受け取るまでの時間と相手を慮《おもんばか》るような書式がちゃんと確立されています。

ところがいまの携帯電話やパソコンのメールでは、手紙のようなわずらわしさがなく手軽にできるぶんだけ、話し言葉での単刀直入なやりとりが主流になっています。

普通に会話をしている気分で応答し合っていると、ちょっとした言い方が相手の感情を傷つけていたり、逆撫でしていたりしても、気づかないことも多いようです。相手の表情やしぐさを読み取れないというのは、こんな危険があるということです。

実際の会話では、話している最中に相手の表情を読み取って、どのように感じているか察することができますから、

「あっ、ちょっとこの話はまずかったかもしれない」

「いまの言い方は誤解されたみたいだから、ちょっとフォローしておこう」

などと、その場ですぐに調整ができますし、誤解されるケースも少ないのです。

会話では「あっ、ごめん。いいすぎた」と、その場で取り繕って、笑ってすまされるようなことでも、メールではしこりとなって残ってしまうこともあります。

また、メールに慣れてしまうと、このような「ライブの会話」ならではの、その場の雰囲気やお互いの呼吸が読めずに、つい一方的な言葉になったり、いいっ放しの話し方が癖になったりしてしまう危険性もはらんでいます。

メールでは時間をかけてじっくりと文章を作ることもできますが、ライブ会話では間合いや流れがありますから、自分のペースで話すというわけにもいきません。メールに慣れて、この癖が身についてしまうと、いざ「ライブ会話」のときには知らず知らずのうちに、自分ばかりがしゃべり、相手を不快な気持ちにさせるということもあるでしょう。

メール慣れした結果、ライブ会話の勘を鈍らせ、「今度はこっちが何か話さないと」と焦ったあげくに余計なことをいってしまったり、誤解を招くような表現をしてしまったりすることもありえます。

メールでは自分の気持ちや考えを伝えられるのに、実際の会話ではうまく話せないという人は、まずは「何を話すか」ということより、相手の反応をうかがいながら、会話の流れに沿った話し方を身につけることを心がけてください。

自信がない意見ほど、語尾は断定すること！

ボソボソ声というわけではないけれども、話の終わりになると口ごもるようになり、語尾が消えてゆくような話し方をする人がいます。

日本語は文章の終わりに述語がくるので、語尾があいまいでは肯定か否定かわからなくなってしまいます。おそらく本人も、自分の意見に自信がなく、周りの人の顔色をうかがいながら結論を決めようとしているのでしょう。

発言の最後が「〜です」「〜だと思います」「〜とは思いません」といういい切りの形ではなく、「〜でしょうか？」「〜ですよね？」などと聞き手にうかがいを立てるような言い方をする人も、自分の意見をはっきりいえず、周囲におもねってしまう責任回避型の性格なのでしょう。先に、若者言葉の語尾が尻上がりになる話し方は周囲に頼り、甘えたがる子どもっぽい話し方と説明しましたが、これに通ずるものがあります。

本心では発言したくないときでも何かをいわねばならない会議の席などでは、ときとしてこのような物いいが聞かれることがあります。「とりあえず何かをしゃべって、この場を取り繕おう」という気持ちなのでしょうが、毎回それればかりでは、「この人は結局、なんの意見もないのだ」と周りの人にバレてしまいます。しまいには、

「結局はキミは何がいいたいんだ？　賛成なのかね、反対なのかね？」

とイエス・ノーの返答を迫られて、冷や汗をかかされることにもなります。

このような「ごまかし発言」というのは、その都度、うまくいったという気分になり、しだいにこういう言い方が癖になってしまうところが恐ろしいのです。

もし、自分の意見に自信がないのなら、

「私自身、はっきりと確信を持っているわけではないのですが、いままでの意見をうかがったところでは……ではないかと思います」

とあらかじめ断っておいてから、それなりの意見を述べたほうが、周りの人も最後になって「どっちなんだ？」と悩まずにすみます。

また、あえて断定したくないときは、

「現段階では……という見方ですが、まだまだ予断は許さない状況だと思います」

などの責任を回避する言い方もあります。この場合、内容については大した意見ではなくても、少なくとも「まだ予断は許さない」ということはきちんと発言しているので、それ以上の追及はされなくてすみます。

まるで政治家がマスコミの追及をかわすノラリクラリ答弁のようですが、語尾が消えるような自信のない言い方で信頼を失うよりも、だいぶマシなように思います。

ふだんの仕事場では「言語明瞭、意味明瞭」で、とても活発で積極的な人が、いざ会議の段になると、借りてきた猫のようになって、小さな声で何をいっているのかよくわからないということがあります。

こういう人というのは、おそらく「会議での発言の方法」に不慣れなのでしょう。こういう人におすすめしたいのが、「仮の話」を堂々と発言するというものです。

「基本的には反対ですが、仮に、○○の条件がそろえば賛成です」

「いまの段階では判断できないのですが、仮に、△△の不安要因が取り除かれれば……」

と、「仮の話」ですから、少々刺激的な意見をいっても許されます。この章の最初にもいいましたが、大切なのは「話の内容」より「話し方」です。どうぞ活用してください。

第4章

その口癖で、「心の中」が読まれている

「えー」「あのー」と話し始める人は、じつはしたたか者？

癖というものは、本人が一番気づいていないといいます。「なくて七癖」、その中でもまったく意識しないままに使っているのが「口癖」だろうと思います。

アナウンサーや司会をつとめるMCなど、しゃべりを職業とするプロの人たちは、新人のときには自分の話を録音して、あとで自分で聞くという訓練をするそうです。すると、たいていの新人は「私はこんなひどい話し方をしているのか……」と恥ずかしくなり、自己嫌悪になる人もいるといいます。

自分ではけっこう流暢に話しているつもりでも、声がくぐもって聞き取りづらかったり、イントネーションや文節の区切りがおかしくて意味がわかりにくかったり、また、話す内容も、とても「冴えたこと」をいっていたつもりなのに、聞いてみると、まったくのひとりよがりで「つまらない」のだそうです。

話す人と聞く人とは、これほどの「意識の壁」があるのか……と、愕然となるらしいのです。この話す人と聞く人の「意識の壁」というのは、わかりやすいところでは声質の違いです。自分の録音の声を聞いて、まさか、これが自分？……と思った人も多いでしょう。

プロになろうという人でさえ、話す人と聞く人との「イメージの違い」についての理解度はこのレベルなのですから、素人の私たちにおいては何をかいわんや、もしかしたら、いいたいことの半分も伝わっていないのかもしれません。

さて、人前でスピーチするときなどの緊張する場面では、話し方がぎこちないのはまあ大目に見るにせよ、話の合間合間に「えー」「あのー」などの余計な言葉が入っているのは自分でも情けなくなりますね。しゃべっているときはそんなことをいうつもりはまったくないのですから、これも無意識にやっているのです。

「えー」「あのー」というのが口癖の人は意外に多いように思います。緊張しているときや難しいことを説明しようとするときほど言葉につまって、出てくるのは意味をなさない言葉ばかりなのですから、これでは自己嫌悪にもなります。

心理学的に分析すると、頭の中で話す内容をまとめている間、無言になるのを恐れるあまり、「えー」「あのー」という言葉で代用し、自分の中でバランスをとっていると解釈できそうです。

「えー、それではみなさん……」などと、話の始まりに入るのが口癖になっている人もいますが、これは「えー」によって話し始めのきっかけ作りをし、あとの言葉をスムーズに出すための「助走」という解釈もできます。おもしろい説としては、話し始めや合間に「えー」「あのー」と入れるのは、これから始める自分の話を効果的にするために「間合いをとる作業」というものがあります。犬のケンカで、互いににらみ合って「ううう……」と唸り声を上げているのと同じなのかもしれません。

そういえば、「あー、うー」とか「まあー、そのー」が口癖の総理大臣もいました。失言が許されない立場ならではの緊張感からなのか、質問者の質問を巧みにかわそうとする戦術なのか。もし戦術として使っていたのならば、庶民派といわれたふたりの宰相も、なかなかの策士ということになります。

あなたの職場にも、本題に入る前に「あー」「うー」という人がいるかと思います。そののんびりリズムにまどわされることなく、要点を聞き取る努力が大切です。

「なるほど」を連発する人は、話を切り上げたがっている

話し上手の人がいるように、聞き上手の人もいます。

けれども、この聞き上手な人というのは、ただ黙って話を聞いている人というのではありません。うなずくタイミングや、「なるほど、それで？」といった合いの手が絶妙で、つい相手ものせられて、話すつもりではなかったことまで話してしまう……。

うなずきを含めたこの「合いの手」というのが、簡単なようでなかなか難しく、ただうなずいて、よいしょの言葉をかければよいというものでもないのです。

例えば、相手の話がのっているときは、余計な口ははさまず、無言でうなずくくらいにとどめておきます。話が少しややこしくなって、相手がどのように説明しようかと考えあぐねているときは、「それは○○のことですよね？」などと適切な質問を入れて話の流れを立て直します。そして話が佳境に入ったときには、まさに固唾を飲むというし

ぐさで相手の話に聞き入るのです。このような会話の呼吸が身についているのです。

そういう聞き上手の人は、合いの手のバリエーションも豊富です。

①「ほう？　それで」→話のとっかかりや、さらに話を引き出したいとき。

②「なるほど」→相手の話を理解し、納得していることを示す。

③「えっ、そうなんですか？」→意外な話を聞いたときの驚きのリアクション。もちろん、それが話し手の期待するところとわかっているからこその反応。

④「いや、それはすごい」→相手の話に対する感想。聞きっ放しでなんの反応もないのでは、話し手も意欲を失う。話の区切りにちゃんと感想なり意見をいうことによって、次の話を引き出す。

……このような多種多様の合いの手を、適切なタイミングで繰り出しています。一方、人の話を引き出すのがヘタな人は、どんなタイミングでも通り一遍の合いの手しか出せないものです。聞き方に芸がないといったところです。

とくに「なるほど」が口癖になっている人は要注意。確かに「あなたの話を理解しました」「納得しました」という意味で使うものですが、これも連発されると「もう話はわかったから、そろそろ切り上げてくれ」といわんばかりに聞こえるときもあります。

同様に、「はい、はい」という二回返事も、話している側にすればあまり気分のよいものではありません。こちらの話をちゃんと聞いていない、どうでもよい話だと思われているというふうに受け取られることもあります。

「というか〜」と切り出す人は、自己主張の強い議論好き

「というか〜」などと、人が話している途中で割り込んでくる人がいます。会話はよくキャッチボールに例えられますが、これでは相手がまだボールを投げている途中で、別のボールを投げつけているようなものです。話している人に不快感を与えますし、他の聞き手も急にボールが二つになって混乱します。

人の話に割り込まないということなど、最低限のマナーです。それがわかっているのに「というか〜」と切り出してしまうのは、たんなる流行なのかもしれません。

本来は、話している本人が始めにいった説明を訂正、補足する形で、

「オレはあの人のこと嫌いじゃないよ。というか、好きだよ」

などと使うのが基本形だと思うのですが、いまは、人の話を受けて、「というか〜」と切り出すのですから、冷静に考えてみればとても傲慢な感じがします。

しかも、「というか」と切り出した割りには、とくに前の意見への反論や補足でもなく、否定すらしていないこともあるのですから、その目的がわかりません。

おそらく、この「というか」には、あえて反論や違う意見を唱えるフリをして、「そんな意見よりも自分の意見に注目してほしい」という心理があります。ちょっと刺激的な前フリで、自分の存在を示し、みなの気を引こうという心理です。

前の意見と同じであろうと違っていようと関係なく、ともかく「というか〜」とつけ加えたくなる人は、自己主張の強さと同時に、物事に白黒はっきりつけようという議論好きな性格なのでしょう。あいまいな決着を許さず、融通の利かない人ともいえます。

いずれにしろ、仲間うちでのくだけた会話では許されても、オフィシャルな場やそれほど親しくない人たちの集まりでは敬遠される話し方であることは問違いないのです。

「そうですね」とうなずいてから意見を述べる人は戦略家

このタイプとは逆なのが、なんでも「そうですね」と前の意見の肯定から話を始める人です。「そうですね」と受けてから話し出すので前の意見に賛成なのかと思いきや、実際は反対意見だったり、まるで関係ない話のこともあったりするのですから面食らいます。

この場合の「そうですね」には、それほどの意味はなく、「えーと」や「あのー」のように、たんに「これから話をしますよ」という前置きにすぎないのでしょう。

ただし、「というか～」の人に比べると、一度は肯定しているのですから、「自分がイニシアティブをとって会話を進めてやろう」というような強引さは希薄です。発言者を刺激して議論をこじらせるのではなく、人の意見も尊重しようという協調性を持ち合わせています。そこには周囲の空気を壊すことなく、自分の意見もしっかり主張するというような、したたかな一面も見られます。

「そうですね」「ごもっともです」とうなずき、相手の言葉に納得したフリをしながら自分のペースに持っていくというのは、セールス・トークの常套手段でもあります。

訪問販売の人がよく使うのは、「でも、ウチはいま、家計的に余裕がないからねえ……」などと否定的な台詞をいわれたとき、

「ええ、よくわかります。家計を預かる奥様はさぞご苦労なさっていると察します。とくにこれほど不況が長引けば、どこのご家庭でもそうだと思います。でも、そんな家計を切り詰めなければいけないときだからこそ、安くて長く使えるよい品を選びたいですよね。その点、わが社の商品は……」

などと持っていくのですから、一枚上手です。奥さんは断り文句のつもりでいったのに、それを頭から肯定されると、それ以上いえなくなります。自分の台詞を肯定してくれたのですから、次は相手の台詞を肯定しなければならないという心理的なバランス感覚も働き始めるといった妙なことも実際に起きるのです。

客の苦情を受け付けるカスタマーズ・センターのような部署でも、客のクレームに対して「頭から否定するような言い方はしない」ということが、接客マニュアルの中に書

いてあるといいます。とくに怒っている客に対して、「いえ、それはお客さまの誤解です」とか「そんなはずはないのですが……」といった対応は、客の怒りに油を注ぐ結果になってしまうからです。

話の切り出し方として、「まず、相手の言葉を肯定する」というのは、とても大切なテクニックです。いま述べたように、

「ノーといいたがっている相手になんとかイエスといわせたい」

「怒っている相手をなだめて、自分のペースにのせたい」

……こんなときには、有効な方法です。相手を懐柔するといった悪い意味ではなく、そのほうが相手との関係が穏やかになり、「大人の話し合い」ができるからです。

「だって」「でも」ばかりの話し方では、人はうんざりする

「まず肯定する」ところから話を始める人が、人間関係を円滑に運ぶ「得をする話し方」の人ならば、「でも」「だって」「しかし」などの否定の台詞から話を始める人は、何かと誤解やトラブルを招きやすい「損する話し方」の人です。

実際の話、「そうですね」「なるほど」と肯定の言葉から話を始める人のほうが好感を持たれることは、実験でも証明されています。

話の内容はほとんど変わらないのに、最初の台詞が肯定から入る人の意見のほうが賛成を得られやすいのです。

例えば、会議である人がひとつのアイディアを提案したとします。それに対して、次のように発言したとします。

①「しかし、それは予算のことを無視した意見だと思います」

②「そうですね……。ただ予算のことは気になりますね」

①では、少なからず発言者の提案を完全に否定したような印象を与えています。

②では、提案そのものは悪くないけれども予算のことを考えると難しいという言い回しに聞こえます。

自分が提案者だとしたら、①と答えた人、②と答えた人、どちらの人に好感を持つかは考えるまでもないと思います。答えの内容は同じでも、肯定的な台詞から始めたほうが、人間関係がギクシャクしたものにはならないのです。それは当然、「得する話し方」ということになるでしょう。

「だって」「でも」の恐ろしいところは、いい続けているうちに本当に口癖になってしまうところです。上司や先輩が親切にアドバイスしてくれて、自分でも内心では納得しているのに、思わず「だって」「でも」と口をつくようになり、いいわけや口答えするような物いいになってしまうのです。これでは上司や先輩も、もうアドバイスするのはやめようと思います。そのぶん、人間関係に破綻が出やすい環境になります。

そのうち、自分の心の中でも「だって」「でも」を連発するようになってきます。

「でも、私なんか、どうせ誰も相手にしてくれないし……」

「だって、仕事が忙しいから、そんなことはやりたくてもできない……」

人のアドバイスや助言に口答えで返し、自分の心の中でいいわけばかりしているのでは、やがて誰からも相手にされなくなってしまいます。何より、否定することばかり考えている自分が虚しくなるのではないでしょうか。

呪文ではないけれども、否定の言葉ばかりをつぶやいている人は否定的な人生を歩み、肯定的な言葉を使っている人は前向きな人生を歩むものです。言葉には、それほどの力があるということです。どちらが得であるかは、考えるまでもないと思うのです。

「絶対に」といい切りたい人は、よくも悪くも子どもっぽい

「絶対に、こっちのほうがいいです」
「私なら絶対にこうしますね」
「間違いなく、こうなりますから」

などと会話の中に「絶対に」「間違いなく」が頻繁に出てくる人というのは、自分の意見を確信し、さぞかし自信のある人なのであろう……と思われがちですが、心理学的にはそうは見ないものです。

大したことでもないのにわざわざ「絶対に」と、つい強調してしまうのは、むしろ自信のなさの裏返しというのが正しいようです。

とくに日常における、相手の気持ちや将来のことなどについての会話では、あやふやな部分も多く、その場では白か黒かを決められない場合のほうが多いものです。にもか

かわらず「絶対に」といい切ってしまうのは、「絶対にそうであってほしい」という願望の表れであり、「そうならないかもしれない」という不安を抑圧しているのです。

遠足や旅行の前の日に、「明日は雨降らないよね？」と親にしつこく聞く子どもの心理と同じです。親が「だいじょうぶよ、明日は晴れるから」などと気軽に答えると、「絶対？　絶対に晴れる？」と念押しして、安心するという図式です。

その子どもも、大人になったいまでは親に念押しするわけにもいかず、代わりに自分に対して念押しをしているのでしょう。ですから、すぐに「絶対に」「間違いなく」などの言葉をいってしまう人は、「子どもっぽい性格」ということができます。よくいえば純粋、悪くいえば駆け引きのできない無垢。

世間には「絶対」といい切れることなどほとんどなく、人の気持ちは移ろいやすいものです。誰もが幸せになるために、自分なりの「確信できるもの」を求めているのでしょう。

「絶対」「間違いない」といいたい気持ちもわからないわけではありませんが。

「オレが」「私は」と割り込む人は、注目されたがっている

子どもっぽいといえば、すぐに「オレが」「私は」と自分の話をしたがる人も、ちょっとその気があります。

誰かが「オレんちは夏休みに北海道に旅行に行くんだぜ」などといおうものなら、友人たちも負けじと「オレんところはなあ……」「いや、ウチなんかもっとスゴイぜ」と張り合う……子ども同士の会話なら、そんな意地の張り合いもほほえましいものですが、いい歳をして「オレは」「私が」とやるのでは周囲の人も、「また始まったよ」と、腹の中では辟易しているに違いありません。

「オレが」「私が」と自分を話題にしたがる人は、いつでも自分に注目してほしい、周囲にかまってもらいたいという欲求が強すぎるのでしょう。

兄弟が多い家庭が普通だった昔は、ひとりっ子にそういう傾向があるといわれていま

した。自分ひとりしか子どもがいないから、親は話を聞いてくれ、いつでもかまってくれるのが当たり前と思っているから、「オレは」と自分の話をするのが当然の感覚として身についているというわけです。ですから、いつも「自分が主人公」です。

兄弟の多い家庭で育った子どもは、兄弟が多いぶん自己主張をして争うこともあるけれども、他の兄弟の話も聞かなければいけないというバランス感覚も養われています。ケンカしてでも自分の意見を主張することはあっても、いつでもそれが通るとは限らないことも知っていますから、「主人公は、かわりばんこ」と思っています。

最近では、ひとりっ子の家庭が珍しくなくなり、そのせいか「オレが」「私は」と自分の話ばかりしたがる人が増えているといいます。また同時に、人に自分の話をするのが面倒と考える人も増え、両極端のタイプの人が混在しているといいます。

人は幼児期の成長過程において、まず親や兄弟との関係を経験することによって、「自分と他者」のつき合い方を学ぶものです。ところが、ひとりっ子の家庭や共働きの家庭が増え、その基本となるつき合いが希薄だったりすると、そのぶん、自分と他者の両方をうまく立てるバランス感覚が失われたまま育ってしまうこともあります。

誰からも人気があって、注目されている人は、自分から「オレが」「私は」といわなくても、周りがほっておかないものです。

「ねえ、○○さんはどう思う?」「××さんはどうだった?」

と自分に話をふってもらってから、「ああ、オレの場合は……」とおもむろに話を始めればよいのです。むしろ、そのほうが人はちゃんと話を聞いてくれます。

「オレには誰もそんなふうに話をふってくれない」という人は、もしかしたら、自分でも気づかないうちに「オレが」「私が」の話し癖になっていて、周りの人には「この人はほっておいても、どうせ自分から話し出すだろう」と思われているのでしょう。

「要するに」「つまり」が口癖の人は、その場を仕切りたい人

若い年代の人には少ないかもしれませんが、ある程度の年齢の人のなかには「要するに」「つまり」が口癖になっている人をよく見かけます。

「要するに」というのは、「いままでの話を要約すると……」という意味で使われ、どちらかというと話し言葉というより、文語調の表現です。

日常会話で文語調を頻繁に使いたがるということ自体、ややもったいをつけた、気取った話し方といえますが、その意味からしても自分がその会話の主導権を持ちたいという意識が強い人であろうと分析できます。

実際、そういう人に限って、「要するに」といいながらも、前の人の意見の要約ではなく、ただ自分の意見をあらためて主張していることも多いものです。「要するに」とつけ加えることで、「もう、これでこの議論は終わり。結局はこういうことなんだ」と、

さっさとまとめてしまい、会話を打ち切りたいのです。

「つまり」は、「要するに」よりはくだけた表現ですが、意味としては「かいつまんでいうと……」ということでほぼ同じ。話を打ち切りたい、自分がその場を仕切りたいという心理状態は似たようなものです。

自分では話をまとめて、その場を取り仕切る「話し上手」のつもりかもしれませんが、いっしょにいる人たちからは、

「盛り上がっているときに、話の腰を折られた」

「人の話にチャチャを入れたがる人」

と嫌われているかもしれません。

ただし、これらは、偉い人にありがちな「要するに」「つまり」の活用法であり、心の中では、自分の意見に自信があるからこその口癖です。

若い人の「要するに」「つまり」は、自分の意見に自信があるからではなく、話の流れや内容を確認したい、「私が理解していることで間違いはないよね?」というコンセンサスをとるために、「つまり……ということよね?」という人が多いようです。若い人にとっては、自信がないからこその口癖になっているようです。

第5章

ここその場面、「とっさのひとこと」に威力あり

その「ひとこと」を、いうかいわないかで人間関係は変わる

「あえていわなくても、彼はわかってくれている」

「彼は言葉にしているわけではないけれども、私には、彼が考えていることがわかる」

……と、確かにそれができれば、理想の関係といえます。

けれども、そう思っていたのは自分ばかりで、じつは彼の気持ちなど何ひとつわかっていなかった——最近、熟年離婚や定年離婚が増えていることが、いままでの人間関係がいかに幻想であったかということを物語っているようにも見えます。

人と人との「いい関係」の基本は、やはり「思いやり」です。仕事上のつきあい、出会ってから間もない関係ならば、なおさらお互いに思いやる気持ちが大切になります。

なぜ仕事にも「思いやり」が必要かといえば、仕事というのは「人と人」が組んで進めるものですから、金銭感覚や損得勘定にしたところで、その根底には、相手への敬意や

「大切にしている」という気持ちが伝わらなければ、うまくいかないのです。

さて、この「思いやり」ですが、やはり言葉で表さないと相手には通じにくいものです。何かの誤解からケンカが始まると、よく「言葉ではいわなくても、オレの態度を見ればわかるだろう」という台詞が聞かれますが、それは「ひとりよがり」であって、周りの人にとっては、態度だけからはよくわからないのです。

仮に、態度から感じられるものがあったとしても、それは「うすうす感じた」というレベルであって、確信に至ることはほとんどないと思います。ですから「思いやりを言葉で表す」ことが大切なのであり、相手も、そのほうがうれしく、ありがたく思うものです。

もちろん、「私はこんなふうに気をつかい、あなたのことを思いやっているのですよ」などと、長々と語る必要はありません。そんな恩着せがましい「説明」は、むしろ相手をシラケさせてしまいます。

それよりも「さらりと、ひとことつけ加える」だけで、「ああ、この人は私のことを真剣に考えてくれているんだなあ」と思わせることができます。あるいは、何気ないひとことが、「これまで気難しい人かと思っていたけど、こんなやさしい一面もあるんだなあ」と、自分の評価が高まることもあります。

この章では、自分の印象や評価が高まり、結果的に自らを助けることにもなる「ここその場面でのひとこと」を考えてみます。

「すいません」よりも、「ありがとう」でいこう

「すいません」という言葉は、自分が何かの過失を犯してしまったとき、迷惑をかけた相手に対しての「謝意」を表すものです。例えば、遅刻して誰かを待たせてしまったとき、電車の中でうっかり人の足を踏んでしまったとき……など。

また、知らない人に声をかけるとき、「すいません」といいます。これは「すいませんが、用件を聞いてもらえますか」を略したもので、広義では前の意味と同じだろうと思います。英語でいえば「エクスキューズ・ミー」と同じ使い方で、「エクスキューズ・ミー」も両方の局面で使っているようです。

ところが最近は、相手が自分に何かをしてくれたとき、お礼の言葉として「すいません」という人をよく見かけます。自分が落としたものを拾ってもらったとき、贈り物をもらったときなどにも、「すいません」。

これはおそらく、「お手をわずらわせて、すいません」「気をつかわせて、すいません」という意味で使っているのでしょうが、その前に「ありがとう」といって感謝の気持ちを表すのが適切だろうと思います。

ちなみに、人から物をもらったり、労をとってもらったりしたときに、「エクスキューズ・ミー」という英米人はいないですし、そのときは「サンキュー」というのが普通のように思います。

「ありがとう」というのも、もともとは「ありがたい＝めったにないこと」という意味から派生した言葉であり、必ずしも感謝の気持ちを表すだけの意味ではなかったかもしれませんが、現代では一番ストレートに「感謝の意」が伝わる言葉だろうと思います。

ちょっとうがった見方かもしれませんが、人に何かをして「すいません」といわれたのでは、余計なことをしたのかもしれないとなんとなく恐縮した気分になる人がいるかもしれません。けれども、「ありがとう」といわれれば、どんな人でも「喜んでもらえて、こちらもうれしいですよ」と、素直に受け取り、すがすがしい気分になれます。

「感謝の気持ちでいっているんだから、いいではないか」……という人もいるでしょうが、「いう人」はそうでも、「いわれた人」は必ずしもそう受け取るわけではないということを考えれば、やはり「ありがとう」といったほうが適切です。

どうせ感謝の気持ちを表すのであれば、相手にもその喜びを味わってもらいたい、というのが「思いやり」です。そのためにも、「すいません」より「ありがとう」なのです。

「ありがとう」のひとことが、後々大きく効いてくる

「ありがとう」というたったひとことがあるかないかで、自分への評価が大きく変わってしまうケースはよくあります。

新入社員のAさんとBさんが仕事のあと、先輩に食事を奢ってもらい、ふたりとも先輩に「ごちそうさまでした」と礼をいったとします。

その翌朝、会社で先輩に会ったAさんは、

「昨日は誘ってもらってありがとうございました。食事もおいしかったけど、いろいろな話が聞けて勉強になりました」

とあらためて礼をいったとします。一方のBさんはとくに何もいわなかったとします。

もちろん、ふたりとも食事のあとに「ごちそうさまでした」と一通りの礼はしているのですから、社会人として失格というわけではありません。ただ、その先輩の心の中で

はAとBとの「落差」が鮮明に刻まれています。

「Aは若い割りにはちゃんと礼儀もわきまえていて、しっかりしたやつだ。また、何かの機会に誘ってやろう」

と、AとBとを比べようという意図があるわけでもないのに、なんとなくAに親しみを持ち、Aに高い評価を与えるというような心の動きになります。

Bがその先輩のことが嫌いだったというのではありません。Bは体育会系の出身で「先輩は後輩に奢るもの」という感覚が染みついており、B自身も後輩を誘ったら気前よく奢るタイプです。その後輩が翌日にあらためて礼をいわなくても、まったく気にならないのですから、先輩と後輩との関係はそんなもの……と思っていたわけです。

それに対し、自身もひとり暮らしで経済的に余裕のないAは、

「先輩とはいえ、給料だって自分たちとそれほど変わらないのに、ふたり分も奢ってくれてもうしわけないことをしたなあ。いい先輩だ」

と考えて、あらためて礼をいったという経緯があります。

こうしてみると、AとBのどちらがよい、とか間違っているとかではなく、性格や環境の違いが、たまたま言動になって表れたということです。

けれども、先輩にしてみれば、次回ひとりだけを誘うとしたら、Aを選ぶ……あるいは、上司からAとBの評価を尋ねられたらAのほうをよくいう……おそらく、無意識のうちにもそういう心理になっています。

たったのひとこと「ありがとう」が、後々大きく響いてくることもあります。やはり、感謝の気持ちを素直に表してくれる人が、人からも感謝されるように思うのです。とはいっても、ゴマをするために「ありがとう」をいうのは本末転倒です。自然に「ありがとう」といえる人が、知らず知らずのうちに「得をしている」ということです。

「ごめんなさい」を省略する人は、自らを窮地に追い込む

「子育てに関して、自分がうまくやったとはいえないが、ただひとついえることは、『ありがとう』と『ごめんなさい』をちゃんといえる人間にしつけたことだけは、子どものためになったと思う」

……これは、あるお母さんの台詞です。

子どもに限らず、大人でも「ありがとう」という感謝の言葉、「ごめんなさい」というお詫びの言葉をいえない人が増えているようです。そういう人は、そのひとことがいえないだけで、どれだけ損をしているか自分では気づいていないのでしょう。

人に悪いことをしてしまったときに、「ごめん」という前に、

「○○がそんなことをいうから……」

「××が悪いんだからね」

などという人もいます。その人の言い分にも一理あるのかもしれませんが、これは「損する人」の話し方で、まず「ごめん」とあやまるのが「得する人」の話し方です。

いわれる人にしてみれば、これは「いいがかり」です。相手は「自分は悪くない、お前が悪いんだ」といっているのですから、怒りも倍増するに違いありません。

ところが、すぐに「ごめんね」とあやまられると、まだ完全にショックや怒りがおさまっていなくても、「いいのよ別に」「だいじょうぶだから」などと、人はつい反応するもので、そう答えたときには、実際のショックや怒りは少しやわらいでいます。

まず「ごめん」といって、相手から「どうしたの」と聞かれてから、初めて「じつは……」などと状況を説明するのが、得する人の手続きなのです。相手も自分から聞いた手前、最後まで話を聞いてくれますし、「そういうことなら、しかたないわね……」と冷静な判断をしやすい状況が生まれます。

これは会社で失敗して、上司に怒られているときも同じです。なぜそういう結果になったのかをくどくど申し開きする前に、まず「もうしわけありませんでした」と頭を下げるのが、得する人のやり方です。失敗の理由や責任については、上司がショックから立ち直ってから、ゆっくり説明すればよいのです。

「ごめんなさい」がいえない人というのは、頭を下げてしまっては自分の負け……というような気持ちがあるのかもしれません。上司や先輩など、自分より強い立場の人には頭を下げることもできるが、同輩や下の人には頭を下げられないという人は、おそらく勝ち負けにこだわった狭い考え方の持ち主です。

しかし実際は、それが「負け」につながります。誰に対してであろうと自分の非を素直に認められない人ほど、周りから嫌われます。「ごめん」をいわないことで自分は勝った気になっているかもしれませんが、周りから嫌われ、反感を買っているのですから、仕事場の人間関係においては、完全に敗者への道を歩くことになります。

大企業の不祥事が発覚して、記者会見で社長が責任を回避するようないいわけに終始した企業は、おそらくその後も悪いイメージがつきまとい売り上げは激減していると思います。少なくとも、きちんと頭を下げて自己批判した会社よりは深刻なイメージダウンにつながり、なかなか回復できないものです。

そんなところにも「得する話し方」のヒントがあるのです。

「ごめんなさい」をいい過ぎる人は、あやまりベタの人

自分に非があるときは、まずあやまらなければなりません。けれども、それで相手に許してもらうということは、それほど簡単でもありません。

お詫びの言葉を重ねて、頭を下げれば、いずれ相手は許してくれる……というのは、甘い考えのようにも思います。実際の話、お詫びの言葉が口先だけに聞こえたり、あるいは頭を下げている姿はポーズにしか見えなかったり、誠意を尽くせば尽くすほど、逆に相手の態度が頑なになってしまうときもあります。

「悪いことをしてしまった」という気持ちは十分にあるのに、それがうまく相手に伝わらない「あやまりベタ」の人は、どこがいけないのでしょうか。

そのヒントは、私たちの習慣に見つけることができます。私たちは、お祝いごとで祝儀をもらったときは、その金額に応じてお返しの品も変わってきます。基本的にはこれ

と同じで、あやまるにしても、相手が受けた被害のレベルによってそれ相応のあやまり方があるということです。そのバランスがとれていないと、相手に納得してもらうことはできない、そういうことです。

すぐには相手の傷ついた気持ちが癒えないレベルの肉体的・経済的な被害を与えてしまったときは、お詫びの言葉だけでは十分ではない場合もあります。とはいっても、お金で解決すればいいというのではなく、実際に何度も相手のところへ足を運んで、誠意を態度で示すことしか手がない、そういう場合もあります。

そのときの注意点としては、「これくらいやったのだからもういいだろう」などと勝手に「お詫びのレベル」を決めてしまわないこと、です。

これが、こじれる原因になります。「許す許さない」は被害を受けた先方が判断することであり、先方が「もうわかりました」といってくれるまで、あくまでも誠意を持ってあやまり、待つしかないのです。

逆に、それほど大したことをやったわけでもないのに、お詫びをしすぎる人もいます。じつは、私がいう「あやまりベタ」とは、こちらのタイプです。

相手はもう忘れようとしているのに（もしくは忘れかけているのに）、いつまでも「あのときは、本当にすいませんでした」と、その話題を持ち出す人のことです。

確かに、「ごめん」とあやまったその舌の根も乾かぬうちに何事もなかったような顔をされるのは腹立たしいものですが、とっくに許して、その件は落着しているのに、顔を合わすたびに「あのときは……」とやられるのも困ります。必要以上に頭を下げられると誠意を通りこして、卑屈ないやらしい態度に見えてくるものです。

すでに落着した「昔の話」なのに、当人がわざわざ蒸し返してあやまるのですから、イライラもつのります。そのうちに苦手意識も生まれ、あの人とは会いたくない……という気持ちにもなってきます。

一方で、それほど気にしているくらいだから、深く反省しているのかと思いきや、そういう人に限ってまた同じような過ちを犯したりするのですから、疑わしくもなります。

自分の過失で他人に迷惑をかけた場合、迷惑をかけた相手にあやまるのと同じくらい、同じ過失を繰り返さないという覚悟が必要です。結局、その覚悟を見せることが、相手への一番のお詫びになるのではないかと思うのです。

朝の「おはようございます」が、自分の存在をアピールする

朝の出勤や通勤のときに、最初に会った人から「おはようございます」と爽やかに声をかけられると、それだけで一日の気分が変わってきます。ぼんやりしていた頭も冴え、「今日も一日、仕事か……」という憂うつな気持ちもちょっと晴れて、「よし、がんばろう」という気になってくるものです。

朝のあいさつに限らず、「こんにちは」「お久しぶりです」と気持ちよくあいさつできる人に、人づき合いが苦手だという人は少ないと思います。

それほどよく知っている間柄でなくても、相手から「おはようございます」と笑顔で声をかけられると、悪い気分はしません。むしろ「あの人、一回しか会ったことがないのに、私のことをちゃんと覚えていてくれたんだ……」とうれしくなり、次回、顔を合わせたときに、「ああ、こんにちは」と自然に会話が始まることになります。もし、そ

のときあいさつもなく知らんぷりして通り過ぎたとしたら、こちらから声をかけようという気も起こりませんし、いつまでも仲よくなるきっかけをつかめないのです。

「たかがあいさつ」かもしれませんが、これを続けるだけで、人の輪が自然に広がっていきます。しかも、「この人はいつも爽やかにあいさつしてくれる、感じのいい人」というイメージを植えつけることができますから、人づき合いもうまくいくのです。

最近、「ごく普通の人」が凶悪な事件を起こしたり、その事件に巻き込まれたりするニュースをよく耳にします。テレビでは、レポーターが近所の人たちに容疑者や被害者の印象を取材していますが、「私らにもちゃんとあいさつしてくれる、いい人でしたから、今回のことを聞いてびっくりしました」などという声がよく紹介されます。

あいさつをしようがしまいが、事件とはまったく関係のない話……ではありますが、ここで考えなければならないのは、イメージとして、「あいさつするイコール、ちゃんとした人、いい人」という図式が、近所の人にも、レポーターにも、番組の製作者にも、それを見ている私たちにもできあがっているということです。

また、住民同士が仲よくあいさつを交わし合っている地域では犯罪が少ないという話を聞いたことがあります。空き巣や暴漢も、どこを狙うか事前にリサーチするそうですが、そのような住民同士のつながりが深い地域では敬遠したくもなるのでしょう。

あいさつは自分がしても気持ちがいいし、相手に返されるともっと気持ちがいいものです。そのうえ犯罪防止にまで役立っているということです。

ここで大切なことは、あいさつが自分の存在をアピールしているということです。とくに新しい職場では、「まず、あいさつ」です。そうやって「ここに自分がいる」ということを広報することが、「得する人」の習慣です。

「あなたはまだマシよ」で、ケンカが始まる

「仕事が忙しくて、全然遊ぶ暇なんかないよ……」

Aさんの恋人がこのようにグチをこぼしたので、

「いまどき、仕事が忙しいのは誰でも一緒よ。遊ぶ時間がなくても、寝る時間がとれるだけ、まだマシじゃないの」

と答えたところ、彼は明らかにムッとした表情になって、

「お前にオレの気持ちなんかわかるかよ」

と、いい返されてしまう……。

Aさんにしてみれば、「忙しいのは自分ひとりじゃないから、がんばって」というつもりだったのに、相手には「グチをいっている自分」が非難されているかのように受け取られてしまったということです。

なぜ、このようなミス・コミュニケーションが生まれてしまったのでしょうか。

「仕事が忙しいのは誰でも一緒よ」というだけなら、相手もムッとすることなく、「それはわかってるけど、これだけ毎日残業が続くとグチのひとつもいいたくなるよ……」などという会話になっただろうと思うのです。

ところが、Ａさんはそれに続いて「まだマシよ」といってしまったのです。これでは彼にしてみれば「あなたの忙しさなんか、大したことない」といわれたみたいに感じ、カチンときてもしかたがないようにも思います。

たいていのミス・コミュニケーションや誤解は、このような「余計なひとこと」が原因になっている場合が多いものです。いった人の本意はそこにはないのに、そのインパクトが強いばかりに、相手は「あんなことをいいやがって……」と、すべてが悪い印象になって伝わってしまうのです。

たったひとことが、せっかくの楽しい雰囲気を壊し、ふたりの関係をこじらせてしまうのなら、それは「損をするひとこと」です。

彼がグチをいったとき、最初にＡさんが「それはたいへんね」とか「そういえば、最近すごくがんばっているよね」などの思いやりの言葉をかけていたら、また違う展開になったと思います。その後の会話で同じ文句をいったとしても、「そうだな。寝る間もなく働いている人を思えば、オレなんかまだマシか。そうプラスに考えて、しばらくがんばるか……」

と素直に受け取ってくれたかもしれないのです。

そう考えると、相手のグチや何気ない台詞に対して、いきなり否定するようなひとことがあったために、誤解を招いてしまったということになります。

つい「余計なひとこと」をいってしまいがちな人は、まずは相手の言葉を否定するような返答は避けるところから始めるのがいいと思います。

「だいじょうぶですか？」をいえる人が得をする理由

都会では「知らない人には声をかけない、声をかけられても無視する」というのが、一般的な「良識」とされているようです。

一見普通に見える人が思いもよらないような凶悪な犯罪を起こす事件が相次いでいるから、それもいたしかたないことかもしれませんが、困っている人がいても誰も声をかけようとしないのでは、あまりに寂しすぎると思います。

私の知人が銀座を歩いているときに貧血を起こしてうずくまってしまったことがあったらしいのですが、その間約十分、大勢の人が道を行き交っているのに、誰ひとりとして「だいじょうぶですか？」のひとことも声をかけてくれなかったといいます。

知人は、その薄情ぶりを嘆いていましたが、そうかといって、私がその場にいて、同じような立場の人と出会ったとしても、

「もしかすると、この人は座り込んで何かをしているのかもしれない」

「それほど深刻な感じもしないし、自分も急いでいるから、だいじょうぶだろう……」

などと勝手に思い込んで、おそらく通り過ぎたように思います。

ですから偉そうなことはいえないのですが、そういう「声をかける人」が少なくなったからこそ、困っている人に対して「だいじょうぶですか?」ととっさに声をかけられる人は、貴重な人のようにも思うのです。

それができる人は、自分の状況がどうだとか、相手がどういう人だとか考える前に、「この人は困っているのかもしれない」という思いが先に立って、とっさの行動ができる人ということができます。そういう人は、きっとふだんでも思いやりにあふれた、心根のやさしい人なのであろうと想像できます。

困った人や見知らぬ人に限らず、いつでも「だいじょうぶ?」と誰にでも声をかけられる人は、人から嫌われることはありません。

自分のことを気にしてくれる人を気にする……人には、そういう心理があり、

「だいじょうぶ?　今日は顔色がちょっと悪いよ」

「疲れているみたいに見えるけど、だいじょうぶですか?」

という軽いひとことでも、いわれた人はうれしくなり、いった人に対して、少しずつ好意を抱くようになるものです。

人を喜ばせるひとことは、いわれた人はもちろん、いった人も「得をする」ということです。

第6章

ここが違う、「話がおもしろい人」「つまらない人」

「話のおもしろい人」は、それだけで得をしている

一緒に話をしているとき、「うん、うん、それで?」とつい話に引き込まれてしまうこともあれば、途中からどうでもよくなって、集中できなくなることもあります。

もちろん、相手が親しい友人や恋人、興味がある人の場合は身を乗り出して聞けるし、そうではない人や嫌いな人なら話なんか聞きたくないということもいえます。確かに、相手との親密度によって「話がおもしろくなる」ということはあります。

けれども実際には、親密度は同じくらいで、ほとんど同じ内容の話を聞く場合でも、ある人の話はおもしろく感じ、ある人の話はつまらないと感じる……そういうこともあります。話がおもしろい人との会話は楽しいし、そうではない人とは会話が盛り上がることもなく、話をすること自体が苦痛に思えてくるものです。

かといって、話のおもしろい人がいつもおもしろいネタを持っているというわけでは

なく、同じ話を他の人が話しても大しておもしろくないのに、その人が話すとなぜか場が盛り上がって、つい聞き入ってしまう……。

このような違いが生まれる理由はおそらく、第3章でも触れましたが、その「話す内容」よりも、その人の「話し方」にあるように思います。

「話がおもしろい人」というのは、女性が恋人に求めるタイプとして、常に上位にあげられる項目です。

実際、それほどカッコいいわけでもないのに女性にモテる友人を見て、うらやましがる人もいるでしょう。あるいは、話がうまいために先輩や上司にも可愛がられ、会社でも得している人もいるでしょう。

これとは逆に、容姿や学歴などの好かれる要素をたくさん持ちながら、その「話し方」のせいで、「損をしている」という人も多いと思います。

「人におもしろいと思わせる話し方」は、いい換えれば、人を引きつける話し方であり、「この人の会話のセンスはいいなあ」と思わせる話し方でもあります。それは話す口調や、いい回し、話の展開やオチへの持っていき方など、いろいろな要因が考えられます。

私たちは落語家や漫才師のような「しゃべりのプロ」ではありませんから、聞いている人を常に笑いの渦に巻き込むようなネタやテクニックは真似できませんし、その必要もないと思います。ただし、ここぞというときに話を盛り上げるコツや、人を引きつける話し方くらいは知っておいても損はないはずです。

結論を焦らず、気を持たせながら話を進める

しゃべりのプロの真似はできませんが、彼らから学べることは少なくありません。例えば、落語家の話の切り出し方です。

「えー……最近はどうも、海外旅行へ行く人が増えているようで……」

などと、世間話のような調子で、とつとつと始めます。口調も穏やかで、わかりやすい話題なので、お客さんは「ふん、ふん、それで?」と続きを待つ姿勢に入っていき、そこには、すごい話やおもしろい話に展開しそうな感じはまったくありません。

それが、だんだんとありふれた話ではなく「ちょっとおかしな」物語となって展開されてゆき、リラックスして聞いていたお客さんも、いつの間にか身を乗り出しています。

落語では、このように淡々とした何気ない始まりから、話の展開とともにスピードアップして、最後にオチを利かせるというパターンが非常に多いものですが、これは論文

や小説でいえば、「起承転結」の手法です。

時系列に沿って話していくことで、聴衆をその物語の登場人物になったつもりにさせ、どんどん話に引き込んでいき、ぐっと盛り上げておいてから、最後にオチというか結末のクライマックスで締めくくります。

これが基本的な話の進め方ですが、聞いているほうはラストまで安心して楽しめますし、最後のオチが決まれば納得もできます。

これが「話し方で得をする人」の手法ですが、「損をする人」は、これとは逆です。

よく見かけるのが、これから話をしようとするとき、

「みんな聞いて聞いて、おもしろい話があるから！」

と最初にぶちかましてしまいます。

しかし、最初に「おもしろい話をする」と宣言してしまえば、聞くほうも「なんだ？」と身構え、過剰な期待を持ってしまいます。

自分に注目してもらうための「前フリ」としてはいいかもしれませんが、最初に気持ちを盛り上げてしまったために、多少の話では驚いてもくれません。話の進め方によっては「それのどこがおもしろいんだよ！」とツッコまれ、「そういう話なら、オレも似

たような話があって……」と横やりを入れられる危険性もあります。

話し手が、話す前から興奮していたのでは、聞き手はむしろ冷めてしまうものです。怪談でも、クライマックスまで声を潜めて、話し手が冷静に話を進めていったほうが、恐ろしさは増していくというものです。

ジェットコースターのスリルも、じつは急スピードで落ちているときよりも、その前にゆっくりと最高地点に上がっていくときのほうが味わえるという人もいます。とくに一発芸的なギャグネタではなく、話の展開がある内容の場合なら、じわじわと相手の気持ちを盛り上げてゆくほうが効果は大きいのです。

「おもしろい話」をするときほど、この「ジェットコースター型」の話し方でゆっくりと進めてゆくのがコツです。

インパクトのある結論から切り出して、興味をそそる

相手の気持ちをつかむには穏やかに話し始めるのが基本ですが、その裏技として、あえて結論から切り出すというテクニックも記しておきます。

例えば、聞き手が興味のある話題、その詳細を聞きたがることがわかっている場合は、「じつはワタシ……好きな人ができちゃったみたい」

などと最初に結論を持ってくると、聞き手は、

「えーっ!?　どういう人？　いつ、どこで知り合ったの？」

と一発で食いついてくるに違いありません。これで、話のペースはこちらのものですから、「先週の週末のことなんだけど……」とじっくり話を進めていけばよいのです。

展開が複雑で長くなりそうな話のときも、結論を頭に持ってくることをおすすめします。聞き手にとってもおおまかな話の流れがつかめますし、そのぶん、興味も引きます

し、途中で話を聞くのが面倒になることもなくなります。

宴会など大勢の人がいる場合も、最初に興味を引く情報を提供したほうが、みんなの注目を集めやすいと思います。落語の寄席のように、聴衆が「さあ、これからどんな話をしてくれるのか」と注目している状況ならともかく、宴会の席ではみな「お酒のほう」に気持ちがいっていますから、最初にある程度インパクトのある話題から入るのがベストの手法だろうと思います。勝負どころは、酔っぱらう前にあるのです。

時系列で徐々に盛り上げてゆくのが落語家の話術ならば、頭からインパクトのある話題をふって聴衆を引き込むのは漫才師の話術です。出だしのひとことで、聞き手の心をつかみ、「つかみはＯＫ」という状態にならないと、次の展開がうまくいかないようです。

先の「ジェットコースター型」に例えていうなら、こちらはいきなりクライマックスから入る「逆バンジー型」といえそうです。

ここでの注意点は、最初に結論を持ってくるといっても、そのひとことで、すべてが見透かされてしまうような話し方では効果が半減するということです。

先の「好きな人ができちゃった」人の話でも、「好きな人ができて、次回デートする約束までしちゃった。明後日の六時に△△の前で待ち合わせて、○○レストランで食事することになった……」と一気に話してしまったのでは、そのぶん、相手の質問事項が少なくなってしまいます。まず最初のひとことで相手の興味をそそっておいて、そこから先は相手に質問させながら、じっくりと答えて興味を引っ張り、最後に「デートの約束までとりつけちゃったのよ」と、最高潮に押し上げてゆくのがベストの手法です。

話の「頭出し」というのは、新聞の見出しと同じと考えてください。もっとも目につくところにインパクトのある文言が簡潔に表され、その詳細は本文にあります。

この「逆バンジー型」のトークにしても、インパクトのある前フリがあってこそ、その後の会話が生きてくるということです。

状況説明や心理描写を省略してはならない

「この人の話はつまらない」と思われる人には、起こったことや知っていることを淡々と述べているだけ、という人が多いものです。まるで新聞記事の朗読のようで味気なく、他人ごとのようにも聞こえます。話し手が思い入れもなく語っていたのでは、聞き手は、余計にどうでもいいことのように思えてしまいます。

自分が遭遇したある事件について、どう感じたか。そのあたりの心理描写を省いたのでは、リアルな臨場感は伝わりません。自分の感情や感想だけでなく、一緒にいた人の言動なども織りまぜることによって初めて、リアル感が増してゆくのです。

現場の描写がうまく、台詞や表情などもイキイキと、ときには身振りや手振りを交えて状況を再現してくれる……それが、「話のおもしろい人」といわれる人です。

話す人と聞く人とは、立場がまったく違います。

それは、すでに話の内容を知っている人と、まったく知らない人ということです。前者は知っているのですからつい些細な部分をはしょったり、結論を急ぎたくなったりします。けれども後者は、話を聞きながら想像力も駆使して、徐々にそのストーリーを追っているのです。小説を一ページずつめくっていくように、です。

その想像力の手助けとなる細かい会話や状況説明を省かれたのでは、因果関係もわかりにくく、おもしろみも半減してしまいます。描写がいい加減な小説に感情移入できないように、状況説明がおざなりな話には「入っていけない」のです。

さらにいえば、途中の説明をはしょって結論だけ述べられても、聞かされた人はリアクションに困りますね。それは、読み手に推理させる前に犯人がつかまってしまう推理小説のようなもので、何も楽しめないのです。

おもしろい内容やニュースな出来事ほど、描写を交えながら、急がずに話を進めていくことが肝心です。とくに話のツボとなる箇所やクライマックス直前のディテールは大切で、これを心がけるだけでも、人の気持ちを引きつける話し方になります。

その「いいっ放し」が、女性から嫌われる

彼女「昨日は遅かったけど、どうしたの？」
彼「昨日、友だちと一緒に××に食事に行ってきたんだ」
彼女「友だちって、〇〇君？　××って、この間、私と行った居酒屋ね？」
彼「ああ、そうだよ」
彼女「それで？」
彼「それでって……別に。そこで酒飲んで飯食って、帰ってきただけだよ」
彼女「……」

――彼にしてみれば、とくに話を盛り上げるつもりではなく、彼女に聞かれたから答えたまでのことですが、彼女はそれをきっかけになんでもいいから彼と話をしたかった……このような行き違いは、男と女にはよくあります。

共通の知り合いである友人の話や居酒屋の話、それに関する話で、「次の会話につながる」と期待していたのに、話はそこでブツリと切られ、オチも展開もない彼のそっけない物いいにがっかりする……ほとんどの女性は、そんな体験をしているでしょう。

実際に、自分は、男性から「話をしてもおもしろくない女」「話のしがいがない女」と思われているのではないかという不安を抱えている女性も多いようです。

会社で「余計なことをいわずに、事実だけを報告しろ」といわれているせいかどうかはわかりませんが、男性には本筋と関係ないことをあれこれいうのが苦手な人が多いようです。というより、聞かれたことに答えたから、それでいい……と考えます。

けれども、女性はそうではありません。女性同士の会話では「あっ、そうそう……」「そういえば……」「○○で思い出したんだけど……」などと、ひとつの話題から次の話題へと際限なく展開していくものです。

男性からすると、「よくもまあ、それだけ話題が続くものだ」とあきれ、「女性と話していると、話題が飛んで疲れる」「話が中途半端で、すぐに次の話に移っていくからイライラする」などと嘆いていることも多いようです。

けれども女性には、ひとつの話題について結論を出したり、コンセンサスを得ようとしたりしているのではなく、会話そのものを楽しみたい、という人が多いのです。

そういう女性ならではの気持ちを汲み、話題を提供できる男性が、やはり「この人と話していると楽しい」「話題が豊富でおもしろい人」という評価を得られます。それは、平たくいえば「女性にモテる男性」ということになります。

先のカップルに話を戻すと、彼からすればとくにおもしろい出来事もなく、普通に食事をしただけだったとしても、

「あいつ（友人）は最近△△に凝っているとかいっていたなあ」

「あそこの居酒屋、焼き魚がけっこううまかったよ」

などと、なんらかの話題をふることによって、彼女は喜んでその話に食いついてきたように思います。

男性から見れば、どうでもいい話題です。けれども、女性との関係を継続したいのであれば、とても重要な話題ということになります。

女性にもっとも嫌われるのは、「いいっ放し」の話し方です。これだけで、「つまらない男」と思われることは肝に銘じておいたほうがいいようです。

「話の間合い」で、人を引きつける

落語家や漫才師などから学べることといえば、話の「間合い」です。

話の場面が変わるときや新たな展開に入る前などに、落語家はそれとなく間を置きます。その間合いが、聞く人に息をつく余裕を与え、「これから場面が変わるのだな」という心の準備を促すことにもなります。

あるいは、ここからが山場というところでちょっとタメを作るという「間合い」もあります。これで聞く人が「固唾《かたず》を飲んで見守る」という状態になり、次のひとことでぐっとくるように、その効果を高めているのです。

漫才の場合はふたりの掛け合いですから、「間合い」はもっと重要です。ボケ役の「ボケ」に相方がツッコムまでの、その「一拍の間」で、ボケのおもしろさをアピールして、客をツッコミ役と同じ感覚に持っていく……「間合い」にはそんな働きがあります。

いずれにせよ、ふたりの間合いの呼吸が合っているかどうかが、漫才のおもしろさの鍵となっていることは間違いありません。

問題は、この間合いをとるタイミングです。

人物や状況の説明など、きちんと理解してほしい場面ではゆっくりと話し、相手が話に聞き入って夢中になっている山場ではテンポよく話す……このようなメリハリをつければ話が一本調子になることもなく、リズムよく進んでいきます。

このチェンジ・オブ・ペースの際に間合いをとると、相手も「それで、どうなったの？」「えー、それはひどいよね」「その気持ち、わかる、わかる」などと感想をはさみやすくなり、次の展開が盛り上がりやすい心理状態になります。

前の章で、聞き手の立場として、いいタイミングで合いの手を入れると、話にリズムが生まれると記しましたが、それを逆手にとって、話し手の立場から、わざと聞き手がいいタイミングで合いの手を入れやすいように間を作ってやるのです。

小説の中の段落分け、章分けのようなブレイクをはさんでやれば、多少長い話や複雑な話でも相手はそれほど苦もなく聞いてくれます。

人と人とが席を同じくして会話を進めていくには、楽しめる要素がなければ長続きしません。その会話の内容自体がそれほど新鮮ではなく、役に立つものでなくても、楽しい雰囲気さえあれば、それは「いい会話」ということになります。

その雰囲気づくりのためにも、リズムや間合いをうまく活用してほしいのです。

多少のウソや大げさな表現も、話を盛り上げる「ご愛嬌」

「ウソをつくのはよくない、ウソをつく人は嫌われる」というのは、小学生なら信じるでしょうが、成長するにつれ「ウソも方便」のほうが現実に即していることを理解してゆきます。とはいっても、同じウソにも、人に嫌われるウソとそうではないウソがあります。

例えば、自分がある映画が大好きだということを強調するために、実際には三回しか見ていないのに、「もう八回も映画館に通っちゃったくらい好き」といったとします。

これは明らかなウソですが、それが三回だろうが八回だろうが誰かに害を及ぼすわけでもなく、せいぜいが相手に、「八回も通うなんて、それほどおもしろいのなら私も見てみようかしら」と思わせる程度の影響しかありません。

この程度の誇張は、無意識のうちにも、誰でもやっているのかもしれません。

「あの上司の顔を想像しただけで鳥肌が立って、吐きそうになる」
「渋滞がひどいのなんのって、三十分もの間、一センチも進まなくてさあ……」
……現実に上司の顔を思い浮かべただけで吐いてしまう人はいないでしょうし、三十分の間一センチも動かないほどの渋滞はそうそうありえない話です。しかし、聞いている人は「そんなことはありえない」と思うのではなく、それほどその上司が嫌いなんだ、渋滞がすごかったんだと実感を持つことができます。

このような大げさな表現は、話をおもしろくしたり、インパクトを強めたりするための手法で、「怒髪《どはつ》天を衝《つ》く」とか「血涙をしぼる」という慣用句もあります。髪が逆立って天を衝くほど怒っている、血の涙を流すほど悲嘆にくれている、という意味ですが、現実にはありえないような例えを使うことによって、その怒りや嘆きのすさまじさをリアルに伝えようとしているのです。

また、実際には自分が見たのではなく、知人から聞いた話なのに、さも自分がその場にいたかのように話をすることはないでしょうか。あるいは友だちから聞いた友だちの話、つまり「友だちの友だちの話」なのに、その間を省略して「友だちの話」として、他の友だちに聞かせることもあるかと思います。

それらも事実関係からいえばウソになりますが、話としては全然知らない人のことより、当事者の話というほうが身近に聞こえて、より楽しめます。だいたい「友だちから聞いた話だけど……」という物いい自体がうさんくさい感じもしますし、聞いているほうも、そのあたりにはこだわらないほうが純粋に楽しめます。気心の知れ合った友人同士の会話では、「本当らしくておもしろい話」のほうが盛り上がりそうです。

生真面目な性格で、事実を厳密にいわないといけないと思い込んでいる人ほど、かえって話はつまらなく、共感が得られないことが多いものです。

もちろん話の内容によっては、いくらつまらなくても、それに勝る「厳密な事実」のほうが優先されることもあります。裁判での会話（審問）などは、その典型です。けれども日常では、お互いに「笑う」ことがとても大切です。

大げさな表現や誇張が多い人は、性格的に子どもっぽく、いい加減なところもありますが、サービス精神が旺盛という分析もあります。

誰かにイヤな思いをさせるのではなく、聞いている人を楽しませようとする、サービス精神にあふれた「可愛いウソ」なら許されます。

よく知らない人には、身近な話題で「答えやすい環境」を作る

　自分がおもしろい話で盛り上げようとするよりも、相手をリラックスさせて話をさせるのも効果的です。さて、その相手をリラックスさせるきっかけとはなんでしょうか。「会話のきっかけを、上手にふるのが難しい」と思っている男性は少なくないでしょう。確かに、初対面などお互いのことをよく知らない状況では、話しかけたくても何を話題にしていいかわからないことも多いと思うのです。いきなり「ご趣味は？」と切り出すのでは、お見合いの雰囲気になり、余計に緊張してしまいます。

　ここでいいたいことは、できるだけさり気なく、相手が答えやすい話から切り出したほうがよいということです。例えば、

「ボクは××の生まれなんだけど、○○さんの出身はどこ？」

「○○さんは食べ物は何が好き？　ふだんはどういうところに食べに行くの？」

などと、自分のことや身近なものをネタにし、自分のことを紹介しながら、誰もが答えられる質問をするのがいいようです。

まず自分の話をするのは、それで少しでもアピールしようという理由もありますが、それよりも、先に自分の情報を提供することによって、相手が答えやすい心理になるのです。いきなり「あなたの出身地はどこ？」と聞かれるより、ずっと気楽に答えられます。

女性に限らず、人と人とは無意識のうちにも「相手が打ち明けてくれたことと同等のことについては打ち明けなければいけない」という心理的なバランスが働くものです。あなたが先に自分の出身地を打ち明けたことによって、「自分も教えてもいいかな」という気にさせる手法ともいえます。

かといって、「ボクは小学校の頃からサッカーをやっていて、いまもスポーツ観戦が趣味なんだけど、キミはスポーツはよく見る？」などと、自分の趣味や専門の話題から入るのはおすすめできません。「いいえ、スポーツにはあまり興味がないんで……」といわれたら、話はそこでストップし、新たな話題を提供しなければなりません。これは、アクセルを踏んだつもりがブレーキを踏んでいたという図式で、このあと、どんな話題を提供してもなかなかスムーズに展開しないという蟻地獄に入ることも多いものです。最初の話題でつまずくと、案外、尾を引くものです。ですから、「身近なものを話題にする」というのは、初対面での基本的な戦略として知っておいたほうがよいでしょう。共通の趣味があれば、それで盛り上がればいいのですが、知り合ったばかりのときには、とりあえず、目の前にある料理や、共通の知人（誰の紹介でこの席に来たのか）などの身近な存在を話題にすれば、お互いにイメージしやすく、相手も気楽に答えやすく、その答えから「ボクも魚料理は好きなんですよ。海に近いところの出身ですから」などと、自己紹介しながら話題を広げてゆくこともできます。

共通の知人がいれば、それを利用するのが無難です。大人数のパーティなど、知り合いの少ない場では、共通の知人がいるというだけで、相手に親近感が生まれます。そうなれば、そのあとの会話もずっと楽になります。

要は、「いかに相手に答えやすい話題をふるか」です。政治、経済、宗教などの難しい話題や家庭環境などの立ち入った話題はNG。「私とは気軽に話ができるんですよ」というイメージを最初に与えることが、それからの展開を大きくするのです。

第7章

得する人は、「心のニュアンス」を伝える

人の「好きなもの」「楽しいこと」を否定してはならない

「この間行ったお店、おいしかったね」

「うん、魚が新鮮で、よかった。鯵の姿造りなんか、まだピクピク動いていたし、タコの刺し身もこりこりして……」

と、会社の休み時間、AさんとBさんがふたりで行った料理屋の話で盛り上がっていたときに、隣で聞いていた同僚のCさんが、ブツリとひとこと。

「私、魚なんて大嫌い。とくにまだ生きている魚を喜んで食べる人の気がしれないわ」

「……」

思わずAさんもBさんも言葉を失って、顔を見合わせてしまったそうです。

魚嫌いのCさんにしてみれば、隣で延々と話をされることにがまんならなかったのかもしれません。そのぶん、口の利き方もきつくなったのかもしれませんが、これではふたりに対してあまりにも思いやりがないようにも思います。

「好きだ」「おもしろい」「楽しい」と盛り上がっている横で、ブツリと「私は嫌い」「つまらない」「楽しくない」といわれたのでは、自分たちがバカにされたような気分にもなるでしょうし、水をさされた感じで、その場の空気も一変するでしょう。

確かに、食べ物にかかわらず、自分の嫌いな人や物事の話題をされるのは苦痛かもしれません。できるなら話題を変えてもらいたいと思っても、イヤがらせをされているわけではないのですから、それ相応の言い方もあると思うのです。

例えば、「盛り上がっているところ、ごめん。私、生魚が嫌いで、話を聞いてるだけで寒気がしてくるの。焼き魚なら、食べられるものもあるんだけど……」といったとしたら、だいぶ違う結果になったと思うのです。

Aさん「あっ、ごめんね。Cさんが魚嫌いとは知らなかったから……」

Bさん「じゃあ、Cさんは食べるものでは何が好きなの？」

Cさん「生魚以外だったら、なんでも食べるよ。最近はちょっとエスニックにはまっているかな」

Aさん「あっ、それなら近くにいいレストランできたの知ってる？　今度の昼休み、一緒に食べに行こうか？」

……このように、話がうまく展開していく可能性もあります。「生魚なんて食べる人の気がしれない」といってしまったら、そこで話は途切れてしまい、一緒に食事に行くことはおろか、当分まともに口を利いてもらえないこともあるでしょう。その結果は、雲泥の差となって現れます。

自分が嫌いだから、その話題は許せないというのでは子どもと同じです。自分の好きなもの（人）を否定されるといい気分がしないということがわかっていれば、誰が相手であれ、それほど無下な言い方はできないと思うのです。

グチや不平ばかりでは、相手の気づかいも失われてゆく

「さあて、やっと週末だ。休みの日にどこか行こうか?」……と、彼氏に誘われたDさんでしたが、ついふくれっ面をしてしまったそうです。このところずっと忙しく、「やっと今週も終わった」とほっとした気にはなっても、彼氏のように浮かれた気分にはなれなかったらしいのです。不機嫌な声で、

「どこかに行くって、そんなこと考える余裕なんてないのよ。ずっと忙しかったから、もうくたくた……」

と答えたDさんを見て、

「そうか……。そんなに疲れてるんだったら、家でゆっくりしていようか?」

と彼氏は気づかったそうです。ところがDさんは、

「別にどこにも行きたくないなんて、いってないじゃない。いまは疲れてるから、何も

考えられないっていっただけよ。だいたい、あのバカ課長がいけないのよ。あいつの仕切りが悪いから、みんな仕事が増えちゃって……」

と延々とグチが始まったのです。

……このように文章にしてみると、Dさんのやり方がよくないのはすぐわかりますが、ふだんの会話ではありがちなパターンのように思います。

あまりにもくたくたで、ストレスがたまってしまい、自分を気づかってくれる相手にまで、グチや不満をいってしまう……そのせいで、彼氏にとってみれば、さっきまでの楽しい気分は吹き飛んでしまいます。

せっかく彼氏が自分のことを気づかってくれているのですから、ここはまず、「そうね。せっかくの休みだから、パーッと羽を伸ばしたいわね。私も今週はすごくきつかったから」

くらいの言い方で、話を合わせてみるのが適切な手法です。そうすれば、「仕事、そんなにたいへんだったの?」と尋ねてくるのが自然の流れになり、そこで初めて「じつは例のバカ課長がさあ……」とグチをこぼせばよいのです。

先ほどの展開では「お前、そんなグチ、ここでオレにいったってしかたないだろう」

とうんざりされてケンカが始まるかもしれませんが、とりあえず話を合わせることによって、「えー、そうなのか」と親身になって聞いてくれる展開が望めます。

少しばかり相手の気持ちを汲み、言い方を換えただけで、話の展開は大きく違ってくるのです。お互いに、相手のことを気づかった物いいになる……結局は、相手のことを気づかったほうが自分も楽になるということです。

専門用語や業界用語ばかりでは、「アタマがよくない」と思われる

知らないことをわかりやすく説明してくれる人を見ると、「この人は頭がいいなあ」と素直に思います。

その人の話がわかりやすいのは、難しい言葉や専門用語を持ち出すこともなく、うまい例え話を使って、ゆっくり説明してくれるからです。その話し方がやわらかく、丁寧であれば、疑問に思ったことや、不明な点を質問するのにも抵抗がなくなります。

コンピュータの初心者が専門家に尋ねると、説明が進むにつれてわからない言葉が増えて、余計に何がなんだかわからなくなるという笑い話をよく聞きます。これが、やたら難しい言葉や専門用語を多用した話の結末です。

実際、ひとつの専門用語を説明しようとするときには、別の専門用語を使わざるをえないときもあります。あるいは、質問されたことに答えるためには、その前提を説明す

るところから始めなければならないこともあり、ある程度の知識を持っている相手ならともかく、まるっきりの素人や部外者にきちんと説明するのは、簡単なことではないのです。

ですから逆に、わかりやすい表現で、「わかった気」にさせてくれる人に対しては、「この人は頭がいいなあ」と感心するのと同時に、その人の思いやりを感じずにいられないのだと思います。

反対に、業界言葉や専門用語をわざと使っているのではないかと疑いたくなるくらい多用する人もいます。本人にはそのつもりがなくても、知識をひけらかして、こちらをバカにしているのではないかと、イヤな気分になってくるものです。

「××から出た○○は、スペックの面ではまあまあだけど、インテリアエンバイロメントがいまひとつかな。まあ、ブランド・フィロソフィーがオーセンティックなところだからしかたないんだろうけど、バジェット的にもけっこうきついし、オレはパスだな」

などと、必要以上に横文字を使いたがる人も、聞いているのがつらくなります。

こういう人が実際に頭がいいのか悪いのかはともかく、聞き手に対する思いやりに欠ける人であることは間違いないだろうと思うのです。

よく知っていることほど、人にはうまく伝わらない

まったく予備知識のない人に、きちんと説明しようとしたときに、その人の性格や能力が表れるといいます。

ここではテストとして、「一度も訪れたこともなければ、土地鑑もない人に口頭で家までの道順を教える」という状況を想定してみます。知らない人に道を教えるというのは、日常生活においてもよくある状況のように思います。

さて、あなたは、最寄りの駅から自分の家までの道を、どのように説明できますか。

文例1：「えーと、駅前に××っていうコンビニがあるじゃない？」

目印になる建物や看板を指示するのは親切ですが、いきなり「あるじゃない？」といわれても、相手は初めて行く場所なのですから、あるかどうかわかりません。それなのに、「××があるでしょ？」「××を知っている？」と聞くこと自体、すでに相手の気持

ちから離れて自分本位の話し方になっています。

文例2：「駅を出たらその前の道をまっすぐに進んで……」

これも非常にわかりにくい説明です。「その前の道」とはどの道のことでしょうか。駅の出口が四つ角になっていたら、どの道をどっちへまっすぐ行けばいいのか、まるでわかりません。

「駅の出口を背にして、左右に道が通っているから、その道を右に向かって……」と指示して初めて、駅出口の状況を知らない人もイメージできるようになります。

文例3：「大きい曲がり角でいうと、三つ目を左に曲がって……」

大きい、小さいというのも、主観的な判断です。車が一台通れる幅があれば大きいと思う人もいれば、二車線くらいの道でなければ大きいと見なさない人もいます。そういうあいまいな表現は、聞いている人を不安にさせるばかりです。

……さて、毎日通っているはずの道のりなのに、まったく知らない人に説明するとなると、とても難しいことが実感できたでしょうか。自分では当たり前のようにわかっていることほど、過不足なく相手に伝えるのはたいへんな作業になるのです。

もちろん、道順を説明するという作業は、脳でいえば空間認識にかかわるところで、男女差もありますから、それができる人が頭がよく、できない人が頭が悪いと一概にはいえません。さらに車を運転する機会の多い人なら、人に道を説明すること、説明されることにも慣れていますから、それほど苦労することもないかもしれません。

ここでいいたいことは、相手の立場になれば、どのような言葉使いで、どのような言い方が誤解を招いたり、不安を抱かせたりするかが想像できるということです。

「自分が知っていることは相手も知っている」と思い込むことが、ミス・コミュニケーションに陥りやすい罠なのです。

人のコンプレックスを話題にするべからず

同性でも振り返ってしまうくらいの、モデル並みにスタイル抜群の女性には、「うらやましい。あんなふうだったら、何も悩みはないだろうな。私なんかコンプレックスばかりなのに……」と思う人も多いようです。

けれども、どんなに美しく幸せそうに見える人でもコンプレックスがまったくないという人はいないと思うのです。

容姿などの外見はコンプレックスの大きな要因であることは間違いありませんが、その他にも学歴や肩書、過去のおいたちや家族のことなど、その要因は人によってさまざまです。人に見せられない部分、見せたくない部分はすべてコンプレックス……とはいえないまでも、これに準ずるものと考えて話を進めます。

コンプレックスがあるから、人は努力し、成長できるという意見もあります。オリンピックやプロスポーツの世界で成功した人の中には、「自分がここまでこれたのは、小さい頃体が弱かったというコンプレックスを克服しようとしてきたから」と公言する人も少なくありません。

確かにコンプレックスを糧としてがんばり、自らの成功をつかむ人もいます。しかし、それは自らがコンプレックスに真正面から対峙した結果であって、他人からどうこういわれる筋合いではないようにも思います。

人の欠点や身体的な特徴をわざわざ話題にする人が嫌われるのは、いうまでもないことです。なぜ嫌われるかといえば、わかりやすいところでは、いわれた人がそれでイヤな気分になるからです。そして、もうひとつの理由が、人の欠点をあげつらって自分の優位を少しでも確認したいという狭い心の持ち主であることが見えてくるからです。

太っているとかハゲているとか、目に見える欠点やコンプレックスなら気をつけることもできます。ところが内面的なコンプレックスは見た目ではわからないのですから、その話題に触れてしまってもしかたがないという人もいるかもしれません。しかし、そのぶん、本人にとっては、深刻なコンプレックスになっている場合もあります。

相手が触れてほしくない話題かどうかは、その人の表情である程度読めることもあります。顔色や視線から、「あっ、この話題は、ここでやめておこう」と気づけるかどうか、そこが問題なのです。さらに、「気づいた」というそぶりを見せることもなく、「そういえば……」と、さり気なく話題を変えられる人こそ、相手の気持ちを察した会話のできる人ということになります。

相手の言葉だけでなく、表情やしぐさからも相手の気持ちを読み取れる人が、周囲からの信頼も厚く、慕われている人のように見えるのです。

落ち込んでいる友人に、なんといって慰めますか？

職場の同僚が大きなミスをして落ち込んでいるとします。なんとか励まそうと思う人も多いのでしょうが、これが、そんなに簡単なことではないのです。

「大したミスじゃないよ」……と声をかけるのも安易な感じがしますし、表向きの同情のように思われるのでないかという不安も生まれます。

かといって、「あれくらいのミスで、課長もあんなに怒らなくてもいいのに。ヒドイよね」と肩を持つのも、わざとらしさが漂います。大きなミスをしたという現実があるのですから、責められるのもしかたがない立場なのですから。

「元気を出して」というのも、おざなりな感じというのか、思いやりに欠けている気がします。「気にするな」というのも通り一遍の無責任なニュアンスが伝わるかもしれず、どれもこれもしっくりこないものです。

実際の話、落ち込んでいる人に、どんな言葉をかければよいかというマニュアルは存在しません。悪いことをしたときなら「ごめんなさい」という謝罪の言葉がありますが、慰めようとするときにかける適切な日本語は、これといってないようにも思います。

結局は、落ち込んでいる原因や深刻度、その人と自分との関係などを考慮しながら、自分なりの考えで慰めるしかないのです。

もちろん、相手の性格によっても、言い方は変わります。

プライドが高く、責任感が強く、怒られたこと以上にミスしてしまった自分が許せないというタイプの人には、「どうしたの？　こんなミスをするなんて。○○らしくないね」とあえて明るく声をかけるという手もあります。これは、相手のプライドを尊重しつつ、「大したミスじゃない」ということを遠回しに示唆する言い方です。

ミスについては触れてほしくないという人には、

「ちょっと気になるお店を見つけたから、仕事が終わったあと行ってみようか？」

と気の紛れるような提案をしてみるという手があります。ここには、もし、グチをいいたいなら、そこで私が聞いてあげるというメッセージが含まれています。

落ち込んでいるときには、ほとんどの人は孤独を感じているものです。

「自分だけが、なぜこんな目に合うのか」

「こんなダメな私なんか、いなくなっても誰もかまわない」

「もう誰も信じることなど、できない」

などと自分を否定し、周りの人を否定し、世の中を否定し……そういう気分になっているから、ますます孤独感が強くなっているのです。人を慰めようとするときは、まず、その孤独感を癒してやろうというところから始めるのがいいようです。

「少なくとも私はあなたの味方です。私がそばにいます」

「あなたはダメなんかじゃない。それは私が知っている」

「私にとってあなたは大切な人間です」

……こういうメッセージが伝わるように話しかけるのがベストです。

たとえ表現がつたなくても、言い方がうまくなくても、その気持ちがこもっていれば、相手にはなにがしかのものは伝わるものです。相手を慰めたい、励ましたいというときに大切なのは、伝えるべきことは言葉ではなく、その気持ちのほうなのです。

人への「思いやり」は、伝えようとしてこそ届く

さて攻守ところを変えてみると、自分が落ち込んでいるとき、誰かに慰めの言葉をかけてほしいとは思わない……というのが実際のところでしょう。できるならそっとしておいてほしいという気分になっていると思います。

そういうことなら、声などかけるのではなく、そっとしておいてやる――というのが正しい対処法のように思うかもしれませんが、それは一面的な見方でしかありません。

相手は慰めがほしいと思う余裕もないほどの状態になっているのです。その冷え切った心を溶かし、こわばった気持ちをほぐしてやれるのは、周りの人しかいないのです。

本当に相手のことが心配なときには、そっとしておくよりも、なんでもよいから声をかけることが大切です。「声をかける」という行為そのものが、思いやりとなって相手の気持ちに染み込み、立ち直るきっかけになることも多いからです。

それでも「いまはそっとしておいたほうがよい」と思うときもあるでしょうが、そんなときでも、声はかけなくても、そのいたわりの気持ちを態度で示してやるほうがいいでしょう。

外国映画では、ミスをしたり、失恋して落ち込んだりしている友人に対して、仲間たちが何もいわずにポンと肩をたたいて去っていくシーンをよく見かけます。肩をたたくという何気ない動作の中に、「いまはそっとひとりにしてあげる」「オレたちがついてるから、だいじょうぶだ」という二重のメッセージが込められていて、とてもいい感じです。

相手を慰めるときに限らず、気持ちが重くなりすぎて「言葉にできない」というときもあります。これを無理やり言葉にしようとすると、かえって思いが逃げてゆくというのか、いえばいうほど、本当にいいたいことから離れてゆくこともあります。ですから、そんな言葉にできないときは無理をする必要はありません。

ただ、「言葉にもしない」「態度や行動にも表さない」というのでは、自分の思いが相手に伝わることはありません。ですから言葉にならないときには、しぐさや態度で表してやることが大切になるということです。それだけでも自分の思いは十分に伝わりますし、相手もまた、立ち直るきっかけが与えられるのです。

「言葉ほど、自分の思いを伝えるのに大切なものはない」

というのと同時に、

「自分の思いを相手に伝えるのは、言葉だけではない」

と気づいたときこそ、本当に相手の気持ちを察する話し方ができるようになっているように思うのです。

私たちは、人と話しているうちに、ついムッとなって、いわなくてもいいことを、いってしまうことがあります。いや、かなり冷静に話しているときにも、何かの弾みで、いわずもがなのことが口から出て、あとになって、

「あーあ、あんなこと、いうんじゃなかった」

と、自分のバカさかげんに腹が立ち、自己嫌悪になることもあります。

最後に私がいいたいことは、「いわれた人」は、どう考えればいいかということです。

「あーあ、あんなこと、いうなんて。なんたる侮辱。ああ、腹が立つ。ちくしょう」

と、怨みにも似た気持ちになるかもしれません。また、

「あーあ、あんなこと、いわれるなんて。私って、やっぱりダメな人間なんだ」

と、すっかり自信を失うことがあるかもしれません。

けれども、ここで考えるべきことは、いつまでも怨んだり、しょげ返ったりするのではなく、逆の立場になって、

「自分も、言葉の弾みで、相手につらい思いをさせていることがあるんだろうなあ」

と、想像することです。実際、そういうものです。

そうやって相手との関係を壊さない……それが一番、懸命な方法のように思います。

「決して、悪気があってのことではない。こんなことは、お互いさまなんだ。あの人も、いまごろ、後悔して眠れないのだろう」

と考え、できるだけ早く元の関係に戻そうとするのが、「いわれた人」の身の処し方であり、結果的に「得する人」のように思うのです。

本書は、二〇〇五年七月に新講社より出版された
『「得する人」「損する人」の話し方』を改題・改訂
した新版です。

渋谷昌三（しぶや・しょうぞう）

1946年、神奈川県生まれ。目白大学人間社会学部教授。学習院大学卒業、東京都立大学大学院博士課程修了。心理学専攻、文学博士。山梨医科大学教授を経て現職。著書に『魔法の心理ノート』（三笠書房）、『「好きな人に好かれる」心理学』（新講社）、『ビジネスパーソンのための「言い訳」の技術』（小学館）など多数。

人を傷つける話し方、人に喜ばれる話し方

2007年2月5日　初版発行
2019年2月4日　第38刷

著　者　渋谷　昌三

発行者　鈴木　隆一
発行所　ワック株式会社

東京都千代田区五番町 4-5　五番町コスモビル　〒102-0076
電話　03-5226-7622
http://web-wac.co.jp/

印刷製本　図書印刷株式会社

ISBN978-4-89831-560-6

好評既刊

九十歳 美しく生きる
金　美齢

B-267

自立した品格のある老後を送るために！　歳をとることはすばらしい。「若さ」「アンチエイジング」を追求する必要なし。「喜怒哀楽」の数が人生を美しく磨き上げる。　本体価格九二〇円

「老いない脳」をつくる
石浦章一

B-269

「老いる脳」と「老いない脳」の違いは何処からくるのか。体を使えば脳は活性化し、好きなことをすれば脳は力を発揮する。脳にも体にも効果がある10の生活習慣とは――？　本体価格九二〇円

「応援される人」になりなさい
アウェーがホームになる〝人間力〟

室舘　勲

「怖い鬼上司」を最大の支援者にするためにどうすべきか。自分を売り込む人は、実は応援されない。人材教育のカリスマがこっそり明かす、応援されるための秘訣！　本体価格一二〇〇円

http://web-wac.co.jp/